성공하는
사람들의
업무습관

YOI SHIGOTO NO SHUKAN
by Mikiko Sekine

Copyright ⓒ 2006 by Mikiko Sekine
All rights reserved.
Original Japanese edition published by Subarusya Corporation
Korean translation rights ⓒ 2006 by KEORUM Publishing Co.
Korean translation rights arranged with Subarusya Corporation, Tokyo
through EntersKorea Co., Ltd. Seoul, Korea

이 책의 한국어판 저작권은 ㈜엔터스코리아를 통한
일본의 Subarusya Corporation와의 독점 계약으로
도서출판 거름이 소유합니다.
신 저작권법에 의하여 한국 내에서 보호를 받는 저작물이므로
무단전재와 무단복제를 금합니다.

성공하는 사람들의 업무습관

세키네 미키코 지음 | 박화 옮김

성공하는 사람들의
업무습관

1판 1쇄 펴낸날 2006년 12월 15일
1판 4쇄 펴낸날 2010년 4월 15일

지은이 세키네 미키코
옮긴이 박 화

펴낸이 하연수
펴낸곳 기획출판 거름
출판등록 제7-11호(1979년 6월 28일)
　　　　121-819 서울시 마포구 동교동 197-25 신한빌딩 6층

인　쇄　이산문화사 · 인성인쇄
제　본　경문제책

이 메 일　master@keorum.com
홈페이지　http://www.keorum.com
Tel (02)333-2121 | Fax (02)333-7877

ISBN 89-340-0345-6 03320

• 책값은 뒤표지에 있습니다.

차례

프롤로그
일 잘하는 사람의 행동 습관, 전격 공개! · 9

Check 당신의 일하는 습관을 체크해 봅시다!

'아침 시간을 활용하는 방법'을 체크해 봅시다! · 16 | '일의 계획성'을 체크해 봅시다! · 18 | '일의 효율성'을 체크해 봅시다! · 20 | 자신의 '시장 가치'를 체크해 봅시다! · 22 | '비즈니스 매너'를 체크해 봅시다! · 26 | 직장 내에서의 '신뢰도'를 체크해 봅시다! · 32

1 남들보다 일찍 하루를 시작하라!

아침 시간을 효율적으로 사용하는 방법!

1. 일찍 자고 일찍 일어나는 생활 리듬을 만들어라! · 37 | 2. 가벼운 마음으로 하루를 시작할 수 있는 자신만의 비법을 찾아라! · 39 | 3. 업무 시작 15분 전에는 일할 준비를 하라! · 41 | 4. 일을 시작하기 3분 전에는 전략을 세우는 시간을 가져라! · 44 | 5. 업무 시작 1시간 전, 아침 시간을 적극 활용하라! · 47

2 목표를 세워라! 그리고 세부적인 계획을 세워라!

가장 효율적인 절차를 모색하는 방법

1. 일을 지시받으면 그 자리에서 바로 마감일을 확인하라! · 51 | 2. 항상 우선순위를 고려하라! · 54 | 3. 1주일 단위로 업무의 흐름을 파악하라! · 59 | 4. '해야 할 일 리스트'에는 반드시 기한을 적어 넣어라! · 62 | 5. 모든 일에는 반드시 제한 시간을 정하라! · 66 | 6. 특별히 중요한 일을 처리할 때에는 예비 마감일을 정하라! · 69 | 7. 퇴근하기 5분 전에는 다음 날 해야 할 일을 확인하라! · 72 | 8. 우선 계획을 세우고 철저하게 실행, 확인하라! · 75 | 9. 행동 계획을 수첩에 기록하라! · 80

3 불필요한 시간 낭비를 배제하고 바로 실행에 옮겨라!

효율을 높이는 방법

1. 서류를 찾는 데 시간을 낭비하지 마라! · 87 | 2. 서류는 한 번에 찾아라! · 90 | 3. 지시를 받을 때에는 한 번에 제대로! · 93 | 4. 보고, 연락, 상담할 타이밍을 잡아라! · 97 | 5. 메모하는 습관으로 일의 질을 높여라! · 101 | 6. 업무 시작 15분 전까지는 모든 준비를 완료하라! · 103 | 7. 동시다발적으로 일을 진행시켜라! · 105 | 8. 자질구레한 작업은 정리하여 한꺼번에 처리하라! · 108 | 9. 한번 시작한 일은 반드시 끝을 내라! · 110 | 10. 사소한 일에 집착하지 말고 마감일을 엄수하라! · 112

4 '목표'를 설정하여 의욕을 높여라!

모티베이션을 높이는 방법

1. 가슴 설레게 하는 목표를 세워라! · 117 | 2. 자신의 일을 천직으로 생각하라! · 122 | 3. 주어진 일을 통해 배울 점을 찾아라! · 126 | 4. 주어진 일은 깔끔하게 처리하라! · 130 | 5. 일상 업무를 통해 판단력을 길러라! · 132 | 6. 발표하는 데 익숙해져라! · 136 | 7. 자신의 의견을 발표하라! · 141 | 8. '가르침의 고수'가 되어 일의 폭을 넓혀라! · 143 | 9. 많은 사람들과의 만남을 통해 시야를 넓혀라! · 146 | 10. 실패를 통해 새로운 방법을 모색하라! · 149 | 11. 자신의 능력을 적극적으로 펼쳐라! · 152

5 회사의 대표라는 의식을 가지고 예의바르게 행동하라!

비즈니스 매너를 철저하게 지키는 방법

1. 기본적인 비즈니스 매너를 습득하라! · 157 | 2. 깔끔한 외관으로 호감도를 높여라! · 159 | 3. 때와 장소에 걸맞은 비즈니스 단어를 구사하라! · 162 | 4. 전화를 받을 때에는 밝은 목소리로 신속하게! · 165 | 5. 명함을 주고받을 때에는 항상 웃는 얼굴로 좋은 인상을 심어줘라! · 171 | 6. 모든 고객을 소중하게 생각하라! · 174 | 7. 거래처를 방문할 때 지켜야 할 7가지 기본 원칙 · 180 | 8. 클레임에 유연하게 대응하라! · 184 | 9. 감사장은 바로바로 보내라! · 189 | 10. 고객과 적정한 거리를 유지하라! · 194

6 직장 안에서의 인간관계를 소중히 하라!

직장에서 신뢰를 얻는 방법

1. 순간적인 커뮤니케이션을 활용하라! · 199 | 2. 찰나의 순간에도 먼저 인사를 건네라! · 202 | 3. 끼어들지 말고 상대의 이야기를 경청하라! · 204 | 4. 항상 상사보다 먼저 움직여라! · 206 | 5. 상사의 업무처리방식을 자신의 것으로 만들라! · 209 | 6. 지적받은 행동은 즉시 고쳐라! · 213 | 7. 다른 사람의 사례를 타산지석의 교훈으로 삼아라! · 215 | 8. 수시로 '고맙습니다'라고 말하라! · 218 | 9. 좋은 정보를 제공하라! · 221 | 10. 상대의 장점을 있는 그대로 칭찬하여 더욱 발전시켜라! · 223 | 11. 다른 사람의 성공을 진심으로 기뻐하라! · 225

■ 프롤로그

일 잘하는 사람의 행동 습관, 전격 공개!

좋은 평가를 받고 싶은 사람은 바로 여기에 주목하라!

평범한 일을 하더라도 일하는 방식을 보면 그 사람의 의식을 알 수 있다.

일을 잘 하는 사람은 매사를 '자신의 일'이라고 생각하므로 좀 더 적극적이고 책임감 있게 행동한다. 상사나 임원진들이 사원들을 평가하는 가장 큰 잣대는 바로 책임감이다.

좋은 평가를 받고 싶은가? 아무리 사소한 일이라도 저마다 나름의 의미가 있다. 사람들에게 좋은 평가를 받고 싶다면 그 목적을 정확하게 이해하고 적극적인 자세로 일을 진행해 나아가라. 그러면 당신은 그 기회를 손에 넣게 될 것이다.

나도 경험이 쌓이기 전에는 미처 이렇게 당연한 진리도 깨닫지 못했다. 그래서 상사가 일을 시키면 투덜거리기 일쑤였다.

사회에 첫발을 들여 놓은 지 얼마 되지 않았을 무렵의 일이었다.

어느 날, 상사가 세미나에 사용할 자료가 필요하다며 원본을 복사해 오라고 지시했다. 아직 일이 서툴러 당시 맡고 있던 업무를 처리하는 데도 벅찼던 나는 못마땅하게 생각했다. '뭐야, 이런 잔심부름이나 시키고……' 그러나 거절할 수도 없는 노릇이고 해서 이내 포기하고 빨리 끝내겠다는 일념으로 서둘러 자료를 복사한 후 한쪽 모퉁이를 스테이플러로 찍어 상사에게 제출했다.

그러자 상사는 복사본은 한 장 한 장 꼼꼼히 넘겨보더니 이렇게 말했다.

"이보게. 이렇게 철을 하면 여기 이 부분이 비틀어지지 않는가. 다시 만들어 오게."

털털한 성격인 나는 상사의 지적을 그다지 심각하게 받아들이지 않고 그가 지시한 대로 다시 자료를 묶으려고 했다.

그러자 상사는 이렇게 물었다.

"이보게, 자네는 내가 다시 고쳐오라고 한 이유를 알기는 하는 건가?"

나는 속으로 '잘못 스크랩하면 페이지를 넘기기도 불편하고 보기에도 안 좋으니까 다시 하라는 거 아닌가?'라고 생각했지만 다른 대답을 기대하는 것 같아 주저하고 있었다. 그러자 상사는 침착한 어조로 이렇게 말했다.

"나는 말일세. 이 자료를 3년 동안이나 사용해 왔네. 그런데 이렇게 잘못 묶어버리면 페이지를 제대로 넘길 수가 없지 않은가. 한 번 보기에도 이렇게 불편한데 하물며 3년 동안 어떻게 쓸 수 있겠나?"

그때까지만 해도 나는 자료를 복사하는 일은 잔심부름에 불과하다고 생각해 왔다. 그러나 상사의 이야기를 들은 후로 아무리 하찮은 일이라도 그 나름대로 의미가 있음을 가슴깊이 깨닫게 되었다.

자료를 복사할 때에도 페이지를 넘기기에 불편하지는 않은지, 뒤에 자료를 첨부할 수 있는지 등 사용할 사람의 목적까지 고려하여 작성해야 한다.

어떤 일이든 저마다 그 일을 하는 의미가 있다. 기본을 지키면서 좀 더 좋은 결과를 이끌어내는 방법을 모색하려는 태도, 상사는 바로 그러한 적극적인 태도를 기대하고 있었던 것이다.

그 후로 나는 주어진 일의 의미를 철저하게 이해하고 나름의 방법을 모색하려고 노력하고 있다.

조금만 생각을 바꾸면 지겹게 느껴지던 일도 즐겁고 보람된 일이 된다. 그러면 당신은 매일 활기차고 의욕에 넘치는 삶을 살 수 있을 것이다.

좋은 일하기 습관 강추!

일을 좀 더 효율적으로 진행시키기 위해 늘 새로운 방법을 모색하는 사람은 매사에 의욕적으로 행동한다.

'생각이 바뀌면 행동도 바뀐다'라는 말이 있듯이 어떤 일을 하든지 간에 '좀 더 효율적인 방법이 없을까?', '어떤 점을 개선하면 좋을까?' 등을 항상 생각하고 효율적인 방법을 모색하는 자세를 갖춰야 한다. 이러한 적극적인 행동이 쌓이고 쌓여 습관이 되고 나중에는 비즈니스 스타일에도 커다란 영향을 미친다.

그래서 이 책에서는 젊고 패기 넘치는 사원들이 되도록 빨리 익혔으면 하는 좋은 일하기 습관을 망라해 두었다. 예를 들어, 일을 진행시키기 전에 꼼꼼하게 계획을 세우고 효율적으로 시간을 사용하는 방법 등, 결코 놓쳐서는 안 되는 기본적인 습관을 확실하게 익힐 수 있도록 소개하고 있다.

그 밖에도 목적의식을 가지고 일에 임하는 자세와 직장에서의 커뮤니케이션을 원활하게 하여 일하기 좋은 환경을 만드는 방법 등 비즈니스에 필요한 습관이 맛깔나게 소개되어 있다.

그 중에서도 많은 기업에서 바로 실천하고 그 즉시 효과를 볼 수 있는 이른바 '즉행즉효(則行則效)'의 비법으로 커다란 호응을 얻고 있는 '성공하는 사람들의 업무습관'을 50가지로 소개한다. 결코 남의 이야기가 아니다. 당신도 실행에 옮기는 그 순간부터 그 효과를 바로 실감할 수 있을 것이다.

자, 그럼 이 책의 개요를 간단하게 소개하기로 하겠다.

제1장에서는 아침 시간을 효율적으로 활용하기 위한 방법을 소개하고 있다. 이 방법을 습득하면 오전 시간을 효율적으로 사용하는 습관을 익힐 수 있다.

제2장에서는 납기일을 엄수하고 품질을 높이기 위한 절차 기술에 대해 설명하고 있다. 이 기술을 습득하면 계획성 있게 일을 하는 습

관을 익힐 수 있다.

또한 제3장에서는 일의 낭비를 배제하고 바로 일에 착수하기 위한 노하우를 소개하고 있다. 꾸준히 실천하면 일을 효율적으로 진행시키는 습관을 익힐 수 있다.

제4장에서는 '목표'를 설정하여 의욕을 불러일으키는 방법을 소개하고 있는데, 목표가 뚜렷하면 모티베이션이 높아져 의욕적으로 일에 임할 수 있다.

제5장에서는 기본적인 비즈니스 매너를 소개하고 있다. 거래처 사람이나 고객에게 예의바르게 행동하는 습관을 익혀 최고의 비즈니스맨으로 성장하자.

마지막으로 제6장에서는 신뢰를 얻기 위한 직장 내의 커뮤니케이션 방법을 설명하고 있다. 일은 절대로 혼자서는 할 수 없다. 아무리 사소한 일이라도 여러 사람이 얽혀 있기 마련이다. 필요할 때 주변 사람들의 도움을 빌리기 위해서라도 상사나 동료, 후배와의 인간관계를 소중하게 생각하는 습관을 가져라.

간단한 것처럼 보이지만 막상 하려고 하면 생각처럼 쉽지가 않다. 그러나 앞으로 소개할 '성공하는 사람들의 업무습관'은 일을 원활하게 진행시키기 위해 반드시 습득해야 할 습관들이다.

우선 일상생활에서 아주 작은 행동에서부터 변화를 시도하라. 이 책에서 소개하고 있는 방법은 간단해 보이지만 꾸준히 실천하면 엄청난 위력을 발휘한다.

좋은 습관은 반드시 좋은 결과를 가져다준다. 이 책에 소개된 습관들만 철저하게 익히면 당신은 매사에 적극적이고 신속, 명확하게 대응할 수 있는 진정한 비즈니스맨이 될 것이다.

인간은 끊임없이 성장한다. 스스로 포기하지 않는 한 넘지 못할 장애물이란 없다.

오늘부터 좀 더 홀가분한 마음으로 작은 일부터 철저하게 처리하라. 그러면 당신은 성공의 기회를 잡는 주인공이 될 것이다.

2006년 어느 좋은 날,
세키네 미키코

Check

당신의 일하는 습관을
체크해 봅시다!

'아침 시간을 활용하는 방법'을 체크해 봅시다!

'아침 일찍 일어나는 생활 리듬'을 갖고 있는지 체크해 보자!

- ☐ 잠자리에 들기 전에는 음식이나 카페인 등을 섭취하지 않는다.
- ☐ '내일 ○○시에 일어나야지!'라고 스스로에게 암시를 건다.
- ☐ 숙면을 취하기 위한 환경을 조성한다.
- ☐ 아침에 일어나면 물을 한 잔 마시며 머리를 맑게 한다.
- ☐ 일어나면 곧바로 창문을 열고 태양의 기운을 받아들인다.

'아침 시간을 활용하는 목적'을 체크해 보자!

- ☐ 신문이나 전문잡지, 업계소식지 등은 아침에 훑어본다.
- ☐ 취득하고자 하는 자격이나 습득하고자 하는 분야의 책을 읽는 데 시간을 할애한다.
- ☐ 자신의 인생에서 급하지는 않지만 중요한 일이 무엇인지 정확하게 알고 있다.
- ☐ 이른 아침 시간을 충실하게 활용하면 하루를 쾌적하게 시작할 수 있다고 생각한다.
- ☐ 아침 일찍 일어나는 것이 전혀 힘들지 않고 즐겁기만 한 이유가 있다.

'출퇴근 시간을 활용하는 방법'을 체크해 보자!

- ☐ 자투리 시간을 활용하여 책을 읽는다.
- ☐ 그날의 업무를 정리하는 시간으로 사용하고 있다.
- ☐ 기분을 전환하기 위해 음악을 듣는 등, 자기만의 방법이 있다.
- ☐ 아이디어를 떠올리는 시간으로 사용하고 있다.
- ☐ 영어회화 테이프를 듣는 등 오디오 학습 시간으로 활용하고 있다.

'출근 시간 전의 아침 시간을 활용하는 방법'을 체크해 보자!

- ☐ 전날 미처 처리하지 못한 일을 확인한다.
- ☐ 하루의 계획을 확인한다.
- ☐ 그 날 처리해야 할 목표(납품해야 할 일 등)를 확인한다.
- ☐ 일하기 좋은 환경을 만들기 위해 책상을 정리한다.
- ☐ 바로 일을 시작할 수 있도록 필요한 자료나 서류를 준비한다.

당신의 진단 결과는?

취약한 분야가 있으면 제1장으로 이동하라!

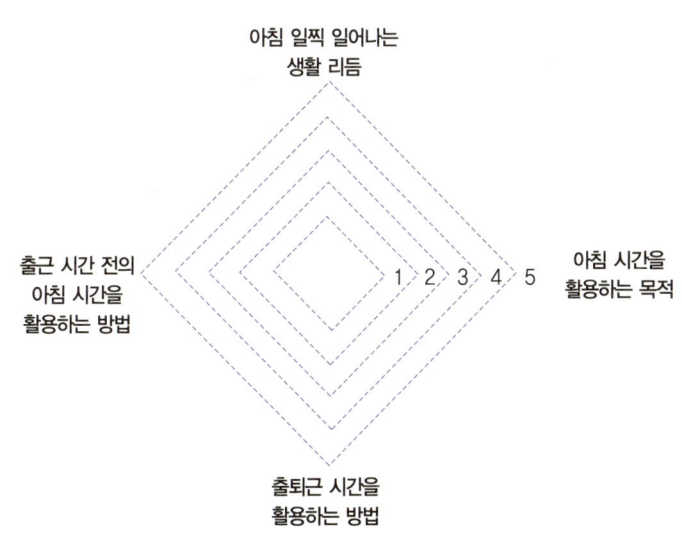

'일의 계획성'을 체크해 봅시다!

'우선순위를 정하는 방법'을 체크해 보자!

- ☐ 일을 지시받으면 그 자리에서 바로 마감일을 확인한다.
- ☐ 일의 중요성을 파악한다.
- ☐ 일의 난이도를 파악한다.
- ☐ 중요하면서도 조속하게 처리해야 할 일을 항상 염두에 두고 있다.
- ☐ 우선 일의 전체상을 정확하게 파악한 뒤에 일을 시작한다.

'절차 기술'을 체크해 보자!

- ☐ 날마다 스케줄을 새로 짠다.
- ☐ 그날 해야 할 일을 메모한다.
- ☐ 중요한 일을 처리할 때에는 최종 마감일보다 며칠 전에 예비 마감일을 설정한다.
- ☐ 주요 업무는 일을 지시받은 날로부터 3~4일 이내에 처리한다.
- ☐ 퇴근하기 전에는 다음 날 처리해야 할 일을 체크한다.

'계획력과 실행력'을 체크해 보자!

- ☐ 계획 단계에서 정보를 수집한다.
- ☐ 구체적인 행동 계획을 세운다.
- ☐ 머릿속으로 일의 최종목표를 떠올린다.
- ☐ 일을 스케줄대로 진행시킬 수 있다.
- ☐ 작업에 걸리는 시간을 정확하게 파악하고 있다.

'체크력'을 체크해 보자!

- ☐ 결과와 목표를 비교분석한다.
- ☐ 수첩을 적극 활용하여 중요한 사항은 반드시 메모한다.
- ☐ 일이 완료되면 전체적으로 다시 한 번 검토한다.
- ☐ 항상 의식적으로 문제점을 개선하려고 노력한다.
- ☐ 매번, 일이 완료되면 그 동안의 경험을 통해 배운 지식을 다른 일에 적극적으로 활용한다.

당신의 진단 결과는?
취약한 분야가 있으면 제2장으로 이동하라!

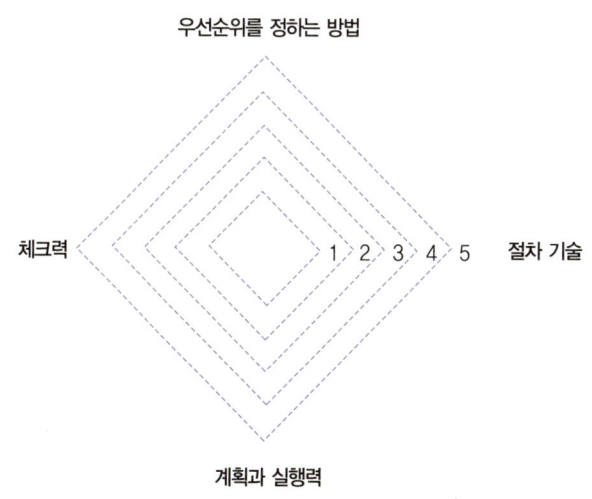

'일의 효율성'을 체크해 봅시다!

'정리정돈'을 잘 하는지 체크해 보자!

☐ 항상 책상 위를 깨끗하게 정리한다.
☐ 서류는 용도에 따라 분류하여 찾기 쉽게 스크랩한다.
☐ 필요 없는 서류나 우편물은 즉시 처분한다.
☐ 더 이상 사용하지 않는 서류는 원래 있던 자리에 갖다놓는다.
☐ 다 읽은 잡지나 책은 처분한다.
☐ 책상 밑에 불필요한 서류를 쌓아두지 않는다.
☐ 서랍 속을 깨끗하게 정리해 둔다.

'메모술'을 체크해 보자!

☐ 작은 일도 기록한다.
☐ 상사에게 지시 받은 내용을 정확하게 기록할 수 있다.
☐ 세미나를 받거나 회의할 때는 항상 메모를 한다.
☐ 메모를 할 때는 우선 요점을 파악한다.
☐ 이야기를 들으면서 메모를 할 수 있다.
☐ 나중에 질문할 수 있도록 의문가는 사항에는 표시를 해 둔다.
☐ 아이디어가 떠오르면 바로 적어둔다.

'커뮤니케이션 능력(보·연·상)'을 체크해 보자!

☐ 외출할 때에는 반드시 보고한다.
☐ 적합한 타이밍을 계산하여 상사에게 보고한다.
☐ 연락사항은 간결하게 한다.
☐ 상사가 재촉하기 전에 보고한다.
☐ 나쁜 결과일수록 먼저 보고한다.

- [ ] 보고를 할 때는 결론, 이유, 경과, 제안 순으로 보고한다.
- [ ] 시간이 오래 걸리는 작업은 반드시 중간보고를 한다.

'지시명령을 정확하게 받아들이는 능력'을 체크해 보자!

- [ ] 상사가 호출하면 메모지와 펜을 지참한다.
- [ ] 5W2H(육하원칙)에 따라 지시받은 내용을 확인한다.
- [ ] 상사의 말이 끝날 때까지 묵묵히 지시명령을 듣는다.
- [ ] 일을 맡기 어려울 때는 나름의 대책 방안을 준비하여 상사에게 상담을 요청한다.
- [ ] 끝으로 상사가 내린 지시명령 내용의 요점을 복창한다.
- [ ] 명확하지 않은 사항은 질문한다.
- [ ] 지시명령에 적극적으로 따른다.

당신의 진단 결과는? 취약한 분야가 있으면 제3장으로 이동하라!

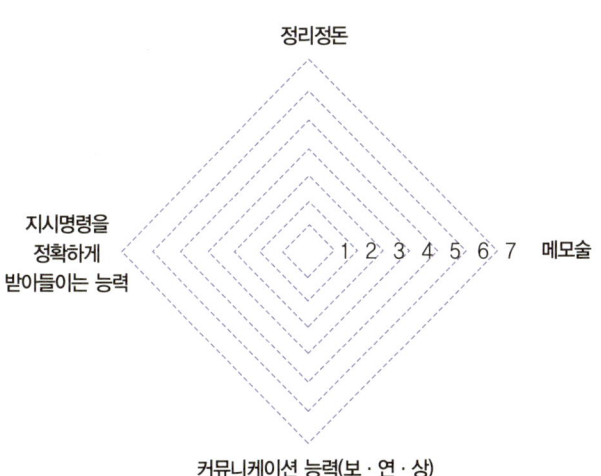

자신의 '시장 가치'를 체크해 봅시다!

'목표를 설정하는 방법'을 체크해 보자!

- ☐ 나름의 '일하는 목표'를 가지고 있다.
- ☐ 의욕적으로 실행시켜 나아갈 목표를 설정한다.
- ☐ 기한을 명확하게 정하고 달성도를 수치로 계측할 수 있다.
- ☐ 행동이 분명하다.
- ☐ 긍정적인 단어로 목표를 설정한다.
- ☐ 회사에 공헌하는 목표를 세운다.
- ☐ 목표를 적어 눈에 띄는 곳에 붙여둔다.

'긍정적인 발상'을 체크해 보자!

- ☐ 운이 좋다고 느낄 때가 많다.
- ☐ 항상 긍정적인 단어를 사용한다.
- ☐ 지금 하고 있는 일이 자신에게 적합하다고 생각한다.
- ☐ 위기는 자신을 성장시킬 밑거름이라고 생각한다.
- ☐ 항상 일을 즐겁게 생각한다.
- ☐ 다른 사람의 단점보다는 장점을 찾는다.
- ☐ 모든 일이 자신에게 도움이 된다고 생각한다.

'성장의욕'을 체크해 보자!

- ☐ 일을 통해 성장하고 싶다.
- ☐ 닮고 싶은 사람이 있다.
- ☐ 상사에게 가르침을 받으면 바로 실행에 옮긴다.
- ☐ 후배에게 본보기가 되기 위해 노력한다.

- ☐ 자신만이 할 수 있는 분야를 개척하고 싶다.
- ☐ 자신의 장점과 특기를 자각하고 있다.
- ☐ 정기적으로 자기개발 하는 데 시간을 투자하고 있다.

'생각하는 능력'을 체크해 보자!

- ☐ 아무리 단조로운 일을 하더라도 좀 더 효율적인 방법을 모색하려고 노력한다.
- ☐ 일의 목적을 명확하게 파악하고 있다.
- ☐ 항상 문제의식을 가지고 있다.
- ☐ 문제의 본질을 파악한다.
- ☐ 문제를 해결하기 위해 앞장서서 행동한다.
- ☐ 갑자기 처리해야 할 일이 많아져도 똑 부러지게 처리할 수 있다.
- ☐ '회사의 일'을 '자신의 일'처럼 생각하고 성실하게 진행시킨다.

'실패를 통해 배우는 능력'을 체크해 보자!

- ☐ 문제가 생기면 회피하지 않고 해결하려고 노력하는 편이다.
- ☐ 실패를 통해 '새로운 방법'을 배운다.
- ☐ 같은 실패를 반복하지 않는다.
- ☐ 배운 것을 즉시 실행에 옮긴다.
- ☐ 실패해도 바로 일어설 수 있다.
- ☐ 실패에 연연하기보다는 성공하기 위해 재도전한다.
- ☐ 성공한 자신의 모습을 상상한다.

'일의 기초력'을 체크해 보자!

- ☐ 기본적인 경청기술을 갖추고 있다.
- ☐ 듣는 이로 하여금 흥미를 유발시키는 화술을 구사할 수 있다.
- ☐ 적극적으로 의사를 표현하고 행동한다.
- ☐ 상사에게 의존하지 않고 우선 스스로 생각한다.
- ☐ 일의 목적을 이해하고 '작업'을 '일'로 바꾼다.
- ☐ 상황에 맞춰 '우선해야 할 중요한 일'을 판단할 줄 안다.
- ☐ 주위 사람들의 기대보다 좋은 성과를 올릴 수 있도록 노력한다.

'부가 가치'를 체크해 보자!

- ☐ 자신의 시장 가치를 파악하고 있다.
- ☐ 전문분야의 잡지나 업계지를 정기구독하고 있다.
- ☐ 좀 더 저렴한 비용으로 일을 하는 인재나 방법을 알고 있다.
- ☐ 소득의 3퍼센트는 지식과 기술을 향상시키기 위해 투자하고 있다.
- ☐ 앞으로 달성해야 할 목표를 의식하며 일하고 있다.
- ☐ 직장 밖에서도 폭넓은 인맥을 구축하기 위해 끊임없이 노력하고 있다.
- ☐ 적절한 휴식과 안정을 취한다.

당신의 진단 결과는?

취약한 분야가 있으면 제4장으로 이동하라!

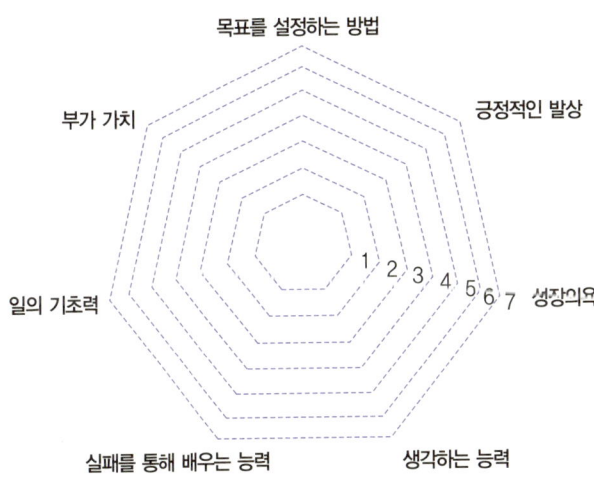

'비즈니스 매너'를 체크해 봅시다!

'인사할 때의 매너'를 체크해 보자!
- ☐ 상대가 들을 수 있게 큰 목소리로 인사를 한다.
- ☐ 출근하면 "좋은 아침입니다"라고 활기차게 인사한다.
- ☐ 호명을 받으면 큰 목소리로 대답한다.
- ☐ 외근을 나갈 때에는 "다녀오겠습니다", 사무실에 돌아왔을 때에는 "다녀왔습니다"라고 인사한다.
- ☐ 상대의 이야기를 이해했을 때에는 "알겠습니다"라고 대답한다.
- ☐ 선배나 상사보다 먼저 퇴근할 때에는 "제가 도와드릴 일은 없습니까?"라고 물어본다.
- ☐ 상사나 선배가 퇴근할 때에는 "오늘도 고생 많으셨습니다"라고 말한다.

'남성의 매너 있는 몸가짐'을 체크해 보자!
- ☐ 머리카락은 너무 길거나 비듬이 떨어지지 않도록 청결하게 한다.
- ☐ 입 냄새가 나지 않도록 주의한다.
- ☐ 수염은 매일 깨끗하게 깎는다.
- ☐ 손톱은 짧게 깎는다.
- ☐ 넥타이에 주름이나 얼룩이 지지 않도록 주의한다.
- ☐ 바지 주름을 잘 잡는다.
- ☐ 와이셔츠의 깃과 소매를 청결하게 한다.
- ☐ 신발축이 닳으면 바로 수리한다.

'여성의 매너 있는 몸가짐'을 체크해 보자!

- ☐ 짙은 화장을 피하고 자연스럽게 꾸민다.
- ☐ 향이 진한 향수는 피한다.
- ☐ 큰 귀걸이나 목걸이는 피하고 흔들리지 않는 것으로 착용한다.
- ☐ 인사를 할 때는 머리카락이 얼굴을 가리지 않도록 주의한다.
- ☐ 블라우스나 스커트는 청결하게 하고 깔끔하게 다리미질을 한다.
- ☐ 손톱은 손가락 끝에서 2밀리미터가 넘지 않도록 한다.
- ☐ 스타킹은 올이 풀리지 않은 것을 신는다.
- ☐ 회사원으로써 적합한 옷차림을 한다.

'전화할 때의 매너'를 체크해 보자!

- ☐ 벨이 세 번 이상 울리기 전에 받는다.
- ☐ 평소처럼 여유가 있으면서도 명확하게 이야기하도록 노력한다.
- ☐ 전화를 걸었을 때에는 먼저 "죄송하지만, 잠깐 시간 좀 내 주실 수 있습니까?"라고 상대에게 양해를 구한다.
- ☐ "번번이 큰 도움을 주셔서 감사드립니다"라는 인사를 빠트리지 않는다.
- ☐ 중요한 사항은 반드시 복창하여 확인한다.
- ☐ 통화내용은 반드시 기록한다.
- ☐ 상대의 용건을 다 들은 다음에는 반드시 자신의 이름을 밝힌다.
- ☐ 고객이 먼저 전화를 끊은 것을 확인한 후에 조용히 수화기를 내려놓는다.

'명함을 교환할 때의 매너'를 체크해 보자!

- ☐ 명함은 명함꽂이에 깨끗하게 보관한다.
- ☐ 만일의 경우를 대비하여 여분의 명함을 가지고 다닌다.
- ☐ 통성명을 한 뒤에 명함을 건넨다.
- ☐ 명함을 교환할 때에는 얼굴에 미소를 지으며 상대에게 좋은 인상을 주도록 노력한다.
- ☐ 상대에게 받은 명함은 배꼽 아래로 늘어트리지 않도록 주의한다.
- ☐ 상대에게 받은 명함에는 만난 날짜(기타 정보) 등을 기입한다.
- ☐ 불필요한 명함은 정기적으로 정리한다.

'방문한 고객을 응대할 때의 매너'를 체크해 보자!

- ☐ 모든 고객을 자신의 고객으로 생각하고 응대한다.
- ☐ 약속하고 방문한 고객을 만나면 우선 "오래 기다리게 해서 죄송합니다"라고 말한다.
- ☐ 고객에게 상석을 권한다.
- ☐ 방에 들어갈 때에는 "실례합니다", 나올 때에는 "실례했습니다"라고 말한다.
- ☐ 차를 대접하려는데 테이블 위에 서류가 있을 경우, 어떻게 대처해야 하는지 잘 알고 있다.
- ☐ 상석에서부터 순서대로 차를 내려놓는다.
- ☐ "찾아주셔서 감사합니다"라고 감사의 마음을 표현한다.
- ☐ 엘리베이터가 작동하는 것을 확인할 때까지는 잡담을 삼간다.

'거래처를 방문할 때의 매너'를 체크해 보자!

- ☐ 약속을 할 때는 상대의 상황을 우선적으로 고려한다.
- ☐ 약속 시간보다 조금 여유 있게 방문한다.
- ☐ 거래처 현관을 들어서기 전에 웃옷을 벗는다.
- ☐ 접수처에서는 명함을 건넨 후, 담당자와 약속 시간을 밝힌다.
- ☐ 접견실에서는 상대가 권하면 의자에 앉는다.
- ☐ 웃옷은 접어서 의자에 올려놓는다.
- ☐ 차를 대접받으면 "고맙습니다"라고 인사를 한다.
- ☐ 돌아갈 때에는 "바쁘신데 시간 내주셔서 감사합니다"라고 인사한다.

'클레임에 대응하는 방법'을 체크해 보자!

- ☐ 클레임 대응의 기본을 알고 있다.
- ☐ 동일한 클레임이 발생하지 않도록 사전에 대처한다.
- ☐ 회사에 제기된 클레임에 대해 자기책임이라는 의식을 갖고 있다.
- ☐ 클레임이 발생했을 때에는 사적인 감정을 배제하고 대응할 수 있다.
- ☐ 고객의 이야기를 끊지 않고 끝까지 귀를 기울인다.
- ☐ 클레임을 제기한 고객에게 진심으로 감사할 수 있다.
- ☐ 클레임을 해결하기 위해 즉시 행동한다.
- ☐ 클레임이 해결된 뒤에도 고객과 원만한 관계를 유지한다.

'글로 표현하는 능력'을 체크해 보자!

- ☐ 감사장은 바로바로 보낸다.
- ☐ 편지나 엽서의 기본적인 작성방법을 숙지하고 있다.

☐ 편지지, 엽서, 우표 등은 언제든지 바로 발송할 수 있도록 사전에 준비해 둔다.
☐ 정성스럽게 글씨를 쓰는 편이다.
☐ 계절인사를 능숙하게 사용할 줄 안다.
☐ 감사하는 마음을 능수능란하게 표현할 수 있다.
☐ 글을 쓸 때에는 반드시 상대에 대한 화제를 적어 넣는다.
☐ 적어도 한 달에 세 통의 서신을 발송한다.

'고객과 교제하는 방법'을 체크해 보자!

☐ 거래처 회사에 관심을 가지고 정보를 수집한다.
☐ 고객과의 원활한 커뮤니케이션을 통해 두터운 신뢰관계를 구축한다.
☐ 식사에 초대받으면 상사에게 보고한다.
☐ 공적인 자리에서는 거래처에 관한 이야기를 하지 않는다.
☐ 식사할 때 지켜야 할 매너를 익혀 두었다.
☐ 술을 잘 마신다.
☐ 고객의 이야기에 진지하게 귀를 기울인다.
☐ 고객과 친분이 쌓여도 도리는 지킨다.

당신의 진단 결과는?
취약한 분야가 있으면 제5장으로 이동하라!

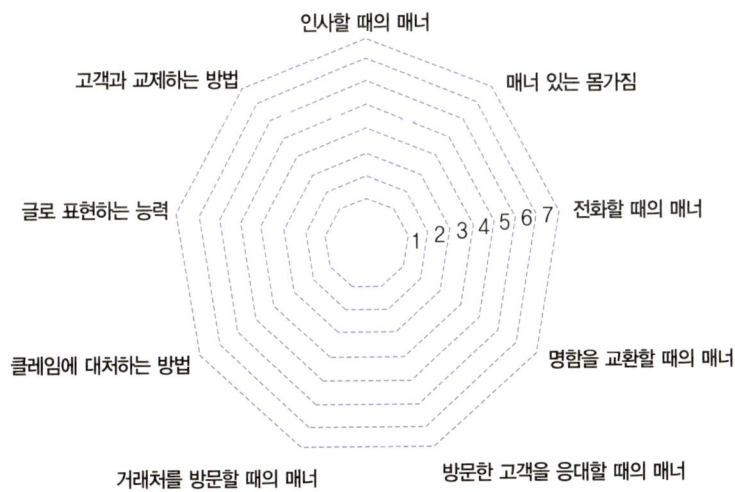

직장 내에서의 '신뢰도'를 체크해 봅시다!

'커뮤니케이션 능력'을 체크해 보자!

- ☐ 자신이 먼저 말을 건다.
- ☐ 상대의 눈을 보고 이야기한다.
- ☐ '순간적인 커뮤니케이션 교류'를 소중하게 생각한다.
- ☐ 이야기할 때 표정이 풍부하다.
- ☐ 회사의 행사나 친목회에 적극적으로 참가한다.
- ☐ 직접 만나 이야기를 나눈다.
- ☐ 상황에 따른 다양한 커뮤니케이션 방법을 취한다.

'상사와의 관계'를 체크해 보자!

- ☐ 마음을 완전히 열고 상사를 대한다.
- ☐ 자신의 가치관과 다른 것도 긍정적으로 받아들인다.
- ☐ 상사를 보고 배우려고 노력한다.
- ☐ 상사에게 적극적으로 협조한다.
- ☐ 상사의 충고를 적극적으로 받아들이고 이를 실행에 옮긴다.
- ☐ 꾸짖는 것은 자신에 대한 기대감의 표현으로 생각한다.
- ☐ 상대가 화를 내는 것은 자신을 믿기 때문이라고 생각한다.

'부하로서의 마음가짐'을 체크해 보자!

- ☐ 상사의 일에 적극적으로 동참한다.
- ☐ 협의내용은 정확하게 기록한다.
- ☐ 상사가 궂은 일을 하지 않도록 앞장서서 행동한다.
- ☐ 상사에게 보고서를 제출한다.

- ☐ 식사를 할 때는 고객과 상사의 기호에 맞춘다.
- ☐ 회사 내에서는 배울 수 없는 지식을 상사를 통해 배우려고 노력한다.
- ☐ 상사가 자신의 거래처에 동행해 준 경우에는 반드시 "오늘 정말로 감사했습니다"라고 인사한다.

'직장에서의 행동'을 체크해 보자!

- ☐ 사람들이 기뻐할 만한 일을 앞장서서 한다.
- ☐ 주변 사람들에게 좋은 정보를 제공한다.
- ☐ 불평·불만을 느낄 때에는 이를 해소하기 위한 적극적인 행동을 취한다.
- ☐ 직장 내에 다루기 힘든 사람이 있는 것은 자신을 성장시키기 위한 좋은 기회라고 생각한다.
- ☐ 상대의 장점을 발견하면 바로 칭찬한다.
- ☐ 성공한 사람들에게 긍정적인 말을 건넨다.
- ☐ 비록 자신이 괴로울 때에도 다른 사람의 성공을 진심으로 기뻐할 줄 안다.

당신의 진단 결과는?

취약한 분야가 있으면 제6장으로 이동하라!

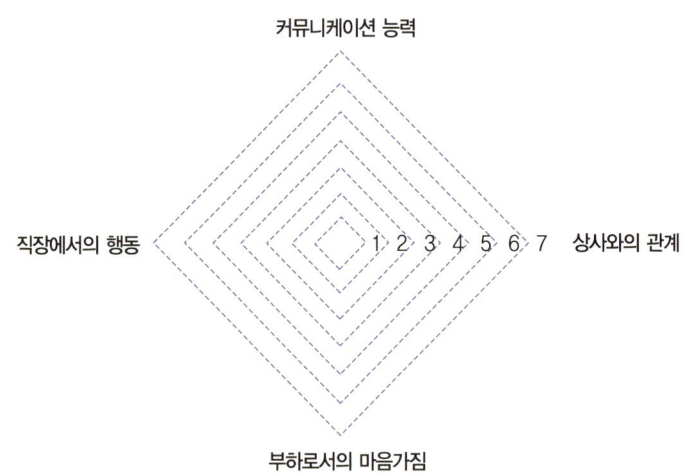

1

남들보다 일찍
하루를 시작하라!
아침 시간을 효율적으로 사용하는 방법!

1
일찍 자고 일찍 일어나는 생활 리듬을 만들어라!

당신은 아침 시간을 어떻게 보내고 있는가?

어느 분야든 성공한 사람들 대부분은 아침 시간을 활용하는 데 매우 능숙하다. 남들보다 일찍 일어나 신문을 읽으며 유용한 정보를 수집하기도 하고 자격증을 취득하기 위해 공부를 하는 등 그들 나름대로 아침 시간을 보낸다.

이러한 사소한 습관이 머리를 밝게 하여 두뇌회전을 촉진시키고 일을 하고자 하는 의욕을 불러일으킨다.

당신도 아침 시간을 의미 있게 활용하고 싶은가? 그렇다면 되도록 빨리 의욕을 끌어내고 그 상태를 유지시켜라! 그렇다고 아침 8시까지 꿈나라를 헤매던 사람이 갑자기 6시에 일어나기란 말처럼 쉬운 일이 아니다. 그래서 우선 평소보다 30분 빨리 일어나는 습관을 들이는 것이 좋다.

　이마저도 매일 실행하기가 어렵다면 특별히 집중해서 일을 해야 하는 날에 실행하라. 1주일에 한두 번이라도 좋으니 시도해 보자. 그러면 작은 노력이 밑거름이 되어 짧은 시간 내에 아침 일찍 일어나는 생활 리듬을 만들 수 있을 것이다.

　아무리 보잘 것 없는 일이라도 꾸준히 노력하는 사람은 반드시 성공하게 되어 있다. 매일 끊임없이 노력하는 사람은 비록 거창하지는 않아도 나름의 목표가 있고, 그 목표를 달성하기 위해 노력한다. 일로 성공하고 싶다면 누구든 그만큼의 노력을 해야 한다.

　그런데도 당신은 소중한 아침 시간을 잠자는 데 허비하겠는가? 내일부터 평소보다 30분 일찍 일어나 보는 건 어떨까?

2
가벼운 마음으로 하루를 시작할 수 있는 자신만의 비법을 찾아라!

아침에 잠자리에서 눈을 번쩍 떴을 때, 그리고 회사에 출근하면서 당신은 스스로에게 어떤 말들을 건네는가? 출근하는 당신의 발걸음을 가볍게 하는 말을 건네는가 아니면 모래주머니라도 달아놓은 것처럼 발걸음을 무겁게 하는 말을 건네는가.

"벌써 아침이야? 아, 정말 출근하기 싫다!" 이렇게 부정적인 말을 하는 사람과 "오늘도 새로운 일에 도전해 보는 거야. 아자, 아자 파이팅!" 하며 긍정적인 말을 하는 사람의 하루 일과를 살펴보면 차이가 확연히 드러난다. 누구에게나 기분 좋은 날이 있는가 하면 그렇지 않은 날도 있다. 그렇지만 아침에 스스로에게 어떤 말을 건네는가에 따라 어느 정도 그날의 기분을 컨트롤할 수 있다.

한 친구는 왠지 기분이 가라앉는 날에는 일부러 머리를 정리할 수 있는 시간을 갖는다고 한다. 메모지나 펜을 준비하여 차 안에서 신호가 바뀌기를 기다리는 시간이나 전철을 타고 출근하는 시간에 처리해야 할 일들의 우선순위를 정하여 그 날 해야 할 일을 정한다고 한다.

어떠한 방법이든 상관없다. 스스로를 기분 좋게 하는 나름의 방법이 있으면 훨씬 가벼운 마음으로 하루를 시작할 수 있을 것이다.

3
업무 시작 15분 전에는
일할 준비를 하라!

땀을 뻘뻘 흘리며 헐레벌떡 뛰어 들어와 겨우 지각을 면한다. 그러고는 차 한 잔 마시며 숨을 돌린 후 시계를 보니 어느새 30분이 지나버렸다. 혹시 당신의 이야기는 아닌가?

100미터 달리기에서 스타트가 중요하듯이 하루의 일과는 아침 시간이 중요하다. 오전 시간에는 오후 시간보다 몇 배의 효율을 높일 수 있는 그야말로 '황금 시간대'이다. 그런 아침 시간을 잘못 시작하면 일에 집중하기까지 오랜 시간이 걸린다.

일은 크게 세 가지로 구성되어 있다. '사전 준비', '처리해야 할 일', '그밖에 처리해야 할 잡다한 업무'가 바로 그것인데, 자칫하면 '사전 준비'나 '그밖에 처리해야 할 잡다한 업무'에 쫓겨 황금 같은 오전 시간이 끝나버린다. 그러므로 오전에는 되도록 '처리해야 할

일'에 집중해야 한다.

  그러기 위해서라도 업무 시작 15분 전에는 일할 준비를 해야 한다. 자리에 앉아 그날의 계획을 세우거나 어지럽게 흩어져 있는 서류를 정리해도 좋다. 필요한 자료를 수집하는 등 하루의 일과를 시작할 준비를 하라. 업무를 시작하기 전에 자질구레한 준비를 마쳐두면 일에 집중할 수 있어 그만큼 일의 효율을 높일 수 있다.

4
일을 시작하기 3분 전에는
전략을 세우는 시간을 가져라!

짧은 시간 내에 일을 처리하는 사람은 일을 시작하기 전, 몇 분의 짧은 시간을 효율적으로 사용할 줄 안다. 책상에 앉자마자 지금까지 해야겠다고 마음먹은 일의 범위를 정하고 시간을 할애한다. 처음에는 대략적으로 전략을 세워도 무방하다. 우선 일을 시작하기 전 3분 정도 전략을 세우는 시간을 가져보자.

(1) 그날 해야 할 일을 파악한다: 전날 세웠던 스케줄 표를 확인하고 '해야 할 내용'을 정리하여 종이에 적는다. 퇴근하기 전에 다음날 해야 할 일의 대략적인 흐름을 스케줄 표로 만들어 두는 것이 요령이다.

(2) 오전 시간 중으로 일을 60퍼센트 이상 진행시킬 수 있도록 스

하루의 업무 흐름을 시뮬레이션 해 보자!

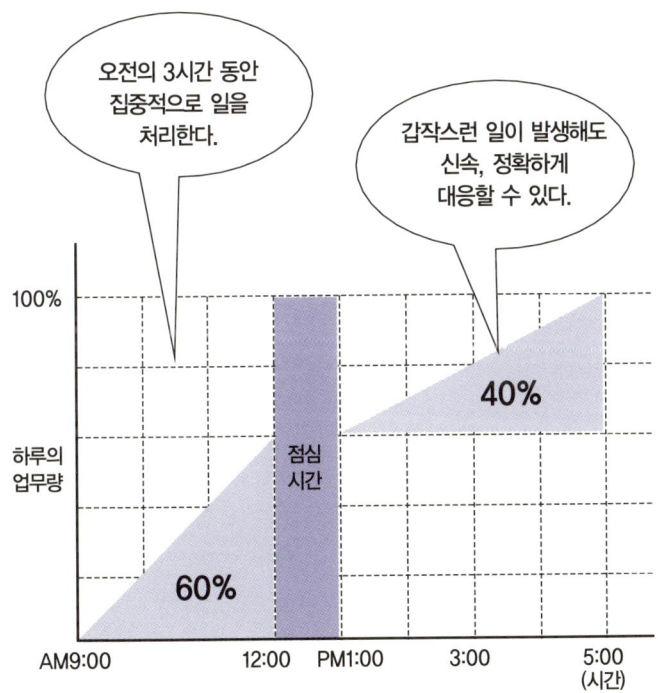

케줄 표를 작성한다: 하루를 9시부터 5시까지로 생각하면 오전에 일할 수 있는 시간은 3시간이고, 오후에 일할 수 있는 시간은 4시간이다. 7시간 중 전반 3시간 동안 일을 60퍼센트 이상 진행시키겠다는 목표를 세우면 한가하게 게으름을 피울 시간이 없다.

5
업무 시작 1시간 전, 아침 시간을 적극 활용하라!

나는 젊은 사원들을 대상으로 모티베이션 향상 프로그램을 진행하고 있다. 그들의 가장 큰 고민거리는 중요한 일에 할애할 시간이 없다는 것이다. 하루에도 수십 번씩 걸려오는 전화와 수시로 소집되는 회의에 끌려 다니느라 도통 중요한 일을 처리할 수 없다고 한다. 상황이 그러하다 보니 '업무 시간에는 일을 제대로 할 수 없다'라고 말하는 사원들이 적지 않다. 일을 잘하려면 자신의 재량껏 조절할 수 있는 시간을 확보해야 한다. 그래서 업무를 시작하기 1시간 전, 아침 시간 활용을 적극 추천하는 바이다.

회사원 O는 아침 시간의 유효성을 깨닫고 '남들보다 1시간 일찍 출근해서 일을 하자!'라는 목표를 세웠다. 그리고 우선 3일 동안 퇴근 시간과 저녁 식사 시간을 조절하여 취침 시간을 앞당기기로 마음먹었다. 그리고 잠자리에 들기 1시간 전에는 TV를 끄고 조용한 음악을 들으며 차분히 마음을 가라앉혔다.

첫날에는 평소보다 20분 일찍 일어나고 다음 날은 30분 일찍 일어나는 식으로 조금씩 기상 시간을 앞당겼다. 3일 정도 규칙적으로 생활 페이스를 조절하자 점차 자신감이 생겼다. 처음에는 일찍 일어나기가 무척 힘들었지만 금방 목표한 대로 남들보다 1시간 일찍 출근할 수 있게 되었다.

이른 시간에 전철을 타면 출근하는 사람들로 북적거리는 시간을 피할 수 있으므로 책을 읽는 등 자투리 시간을 유용하게 활용할 수 있다. 게다가 일찍 출근하면 성가시게 일을 시키는 상사도 없고 전화도 걸려오지 않으므로 방해를 받지 않고 일에 전념할 수 있다.

O는 아침 시간을 적극적으로 활용하여 중요한 일에 할애하고 또 그 시간을 적극 활용함으로써 일에 대한 의욕을 높일 수 있었다고 한다.

그는 "1시간 일찍 출근해서 일을 하니까 일하는 게 너무 즐겁습니다"라고 말했다.

밤늦게까지 지친 몸을 이끌고 야근하는 대신 일찍 잠자리에 들어 충분한 수면을 취한 뒤, 일찍 일어나라. 그리고 1시간 일찍 출근하여 그날 해야 할 중요한 업무를 처리하라. 아침 시간에는 오후 시간의 몇 배의 집중력을 발휘할 수 있으므로 간단하게 일의 효율도 높일 수 있다.

2

목표를 세워라! 그리고 세부적인 계획을 세워라!

가장 효율적인 절차를 모색하는 방법

1
일을 지시받으면 그 자리에서 바로 마감일을 확인하라!

상사가 해야 할 일이 많으면 종종 부하직원에게 도움을 청하기도 하는데 회의 보고서나 예산 견적서 작성, 혹은 프레젠테이션 자료 수집이나 자료 복사 등 그 종류가 매우 다양하다.

저마다 난이도가 다르므로 일에 걸리는 시간도 천차만별이다. 그러므로 시간 내에 일을 마치기 위해서는 반드시 마감일을 확인해 두어야 한다.

자료 복사와 같이 바로 처리할 수 있는 업무 이외는 그날 중으로 처리하는 것이 기본이다. 단, 보고서 작성과 같이 다소 시간이 걸리는 업무는 반드시 마감 일자와 시간을 확인해 두어야 한다. 예를 들어, 주초에 "다음 주까지는 처리하게"라고 업무를 지시받았다면 다음 주 월요일 아침까지 처리해야 하는지 아님 월요일 중으로 처리

하면 되는지 그도 아니면 주중으로 처리하면 되는지 등 구체적인 시간을 확인해야 한다.

회의 자료를 작성하는 일과 같은 업무는 상사가 검토할 수 있는 시간도 고려하여 되도록 빨리 제출하는 것이 좋다.

또한 일을 지시받은 시점에서 내용을 분명하게 확인해야 한다. 명확하지 않은 점이 있으면 질문하여 확인하는 등 '난이도'를 정확하게 파악하는 것도 중요하다.

마감까지는 아직 시간이 많이 남았다며 늦장을 부리다가 예상보다 시간이 오래 걸려서 결국 마감일을 맞추지 못하는 사태가 벌어지는 것은 비단 어제 오늘 일이 아니다. 그러므로 일의 난이도와 소요시간을 잘 파악하여 실행 가능한 스케줄 표를 작성하는 것이 중요하다.

이렇게 스케줄 표를 작성할 때에는 일 하는 데 걸리는 시간을 확실하게 파악해야 한다.

2
항상 우선순위를 고려하라!

오전 시간에는 어떤 일을 처리하면 좋을까?
혹시 언제든지 처리할 수 있는 사소한 업무로 시간을 낭비하고 있지는 않은가? 만약 다음과 같은 일을 오전 시간에 하고 있다면 더 이상 시간을 낭비하지 않도록 지금부터라도 정신 똑바로 차리길 바란다.

- 머리가 밝아질 때까지 간단한 일상 업무를 처리한다.
- 그 동안 쌓아둔 편지나 서류를 읽기도 하고나 이메일을 확인하며 시간을 소비한다.
- 전날 미처 처리하지 못한 작업을 마무리한다.

이런 식으로 일을 처리하다보면 자신도 느끼지 못하는 사이에 많은 시간이 허비되어 정작 중요한 일을 처리할 시간이 줄어든다.

일 처리 속도가 느린 사람들의 대부분은 눈앞에 보이는, 미처 처리하지 못한 업무부터 처리하려는 경향이 강하다. 게다가 중요한 일과 그렇지 않은 일에 차이를 두지 않고 동일하게 시간을 할애하기 때문에 정작 가장 중요한 프로젝트를 마감일이 다 되도록 손가락 하나 대지 못하고 있는 경우가 허다하다. 반대로 일 처리 속도가 빠른 사람은 중요한 일에 시간을 집중적으로 할애하고 사소한 작업은 재빨리 끝내버린다.

'우선순위를 정하다'라는 것은 많은 업무 가운데 중요한 업무와 그렇지 않은 업무를 구별하여 그에 적합한 시간을 분배하는 작업을 말한다. 우선순위를 정하는 것, 이것이 바로 일을 신속하고 정확하게 처리하는 비결이다.

그렇다면 어떻게 우선순위를 정해야 좀 더 시간을 효율적으로 활용할 수 있을까?

우선은 일의 긴급도와 중요도를 파악하는 것이 중요하다.

① 긴급하고 중요하다.
② 긴급하지만 중요하지는 않다.
③ 긴급하지는 않지만 중요하다.
④ 긴급하지도 않고 중요하지도 않다.

이러한 경우 ①→ ②→ ③→ ④의 순서로 착수해야 한다. 시간을 좀 더 효율적으로 사용하려면 ②긴급하지만 중요하지 않은 일과 ④ 긴급하지도 않고 중요하지도 않은 일에 드는 시간을 최소한으로 줄이는 것이 요령이다.

예를 들어, 전화를 걸 때도 사전에 전달할 사항을 메모해 두면 짧은 시간 내에 이해하기 쉽게 내용을 전달할 수 있다. 또한 이 이야기 저 이야기 두서없이 늘어놓지 않고 용건만 간단하게 전달한 후 끊는 습관을 익히면 자신은 물론이고 상대의 시간을 낭비하는 불상사를 피할 수 있다.

어떠한 경우에라도 긴급하지도, 중요하지도 않은 일에 시간을 지나치게 허비하여 긴급하고 중요한 일이 미뤄지는 사태는 반드시 피해야 한다!

주어진 시간 안에 효율적으로 일을 처리하기 위해서도 우선순위를 정하는 작업은 매우 중요하다. 우선 당신이 처리해야 할 일을 하나하나 긴급도와 중요도로 나눠 적어보자(오른쪽 도표 참조). 다 적었으면 어떤 일에 중점적으로 시간을 할애할 것인가 생각해 보자.

'긴급하고 중요한 일' 다음으로 주의해야 할 것이 '긴급하지는 않지만 중요한 일'이다. 당신은 긴급하지는 않지만 중요한 일을 처리하기 위해 정기적으로 시간을 투자하고 있는가? 지금껏 그러지 못했다면 이제라도 적극적으로 시간을 투자하길 바란다. 이 시간들은 당신의 인생을 풍요롭게 만들어 줄 것이다. 의식적으로라도 이러한 시간을 갖지 않으면 점점 스트레스가 쌓이고 일을 하고자 하는 의

일의 우선순위

	긴급도	
	긴급하다	긴급하지 않다
중요하다	**긴급하고 중요한 일** ① 마감일이 정해져 있는 일, 클레임 대응, 질병, 사고 등	**긴급하지는 않지만 중요한 일** ③ 인간관계, 자기계발, 건강관리, 일생에 걸친 목표
중요하지 않다	**긴급하지만 중요하지 않은 일** ② 갑작스런 고객의 방문, 전화 응대나 이메일 확인 등의 잡무	**긴급하지도 않고 중요하지도 않은 일** ④ 약속 상대를 기다리는 시간, 잡담하는 시간, 목적이 없는 이메일이나 전화를 받는 일

일은 ① → ② → ③ 의 순으로 착수한다.
②에 걸리는 시간을 단축시키는 것이 관건이다

욕을 상실하게 될 것이다.

당신에게 '긴급하지는 않지만 중요한 일'은 무엇인가? 당신의 이력서를 화려하게 장식해 줄 자격증을 취득하는 일? 아님 사랑하는 사람과 즐거운 대화를 나누며 맛있게 식사하는 일?

아주 잠깐이라도 좋다. 마음을 풍요롭게 하고 활기찬 생활을 보내기 위해서 날마다 긴급하지는 않지만 중요한 일에 시간을 투자하라! 그러려면 무엇보다 '긴급하지도 않고 중요하지도 않은 일'을 처리하는 데 걸리는 시간을 최소화하는 방안을 모색해야 한다.

3
1주일 단위로
업무의 흐름을 파악하라!

일반적으로 스케줄을 짤 때에는 한 달 단위로 업무량을 파악하는데 일을 좀 더 효율적으로 진행시키려면 1주일 단위로 업무량을 파악하는 것이 효과적이다. 일에는 '주된 업무'와 '부수적인 업무'가 있다. 주된 업무란, 자신에게만 주어진 중요한 일을 의미한다. 그러므로 스케줄을 짤 때에는 주된 업무를 처리할 시간을 어떻게 짜 넣는지가 관건이다.

주된 업무를 처리하는 시간은 매일 동일한 시간을 할애하기보다는 주초에 끝내는 것이 좋다. 대략 수요일쯤에 주된 업무를 완료하는 것이 좋다. 그리고 목요일부터는 부수적인 업무를 처리하거나 신속하게 처리해야 할 일이 갑자기 주어졌을 때 대처할 수 있는 시간으로 남겨둔다.

1주일 단위 업무계획

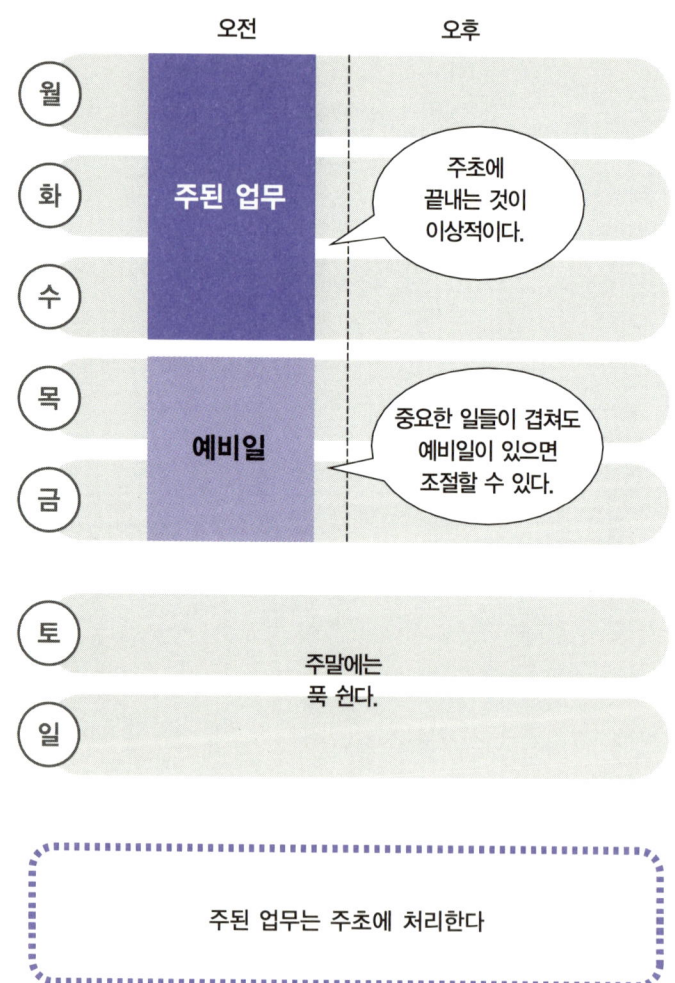

주된 업무는 주초에 처리한다

같은 주에 여러 개의 주된 업무를 처리해야 할 경우에는 사전 준비하는 데 시간을 허비하지 말고 바로 착수할 수 있는 일부터 먼저 처리한다. 이렇게 1주일 단위로 짠 스케줄을 완벽하게 수행할수록 그 달의 목표 달성율도 높아질 것이다.

4
'해야 할 일 리스트'에는
반드시 기한을 적어 넣어라!

해야 할 일이 많다보면 머릿속으로 기억하는 데 한계가 있다. 처리해야 할 일은 전부 '해야 할 일 리스트'에 적어 넣고 항상 확인하자.

그날 해야 할 일을 리스트로 작성하는 작업은 아침에 10분, 다음 날의 계획을 세우는 것은 퇴근하기 전 5분이면 충분하다.

'해야 할 일 리스트'를 작성하는 순서

① **퇴근하기 전이나 다음 날 아침에 해야 할 일을 리스트로 작성한다**
되도록 컴퓨터를 사용하지 않고 직접 쓰도록 한다. 그리고 반드시 기한을 기재해야 한다.

아침에 출근하면 전날 적어둔 리스트를 확인하고 추가해야 할 사항이 있으면 수정한다. 매일 리스트를 새로 작성하면 시간이 많이 걸리므로 종이에 여백이 없어질 때까지 같은 종이를 사용할 것.

② '해야 할 일 리스트'를 토대로 스케줄을 짠다

스케줄을 너무 빡빡하게 짜면 갑작스런 돌발 사태에 대응하기가 어렵다. 긴급한 업무나 하기 싫은 일을 먼저 처리하고 다음 날로 미뤄도 될 일은 마지막에 짜 넣는다. 서둘러 처리해야 할 작업은 일을 하는 중간 중간에 짜 넣는 것이 요령이다.

③ 완료된 일은 줄을 그어 삭제한다

완료된 일은 줄을 그어 삭제하고 미처 처리하지 못한 일과 다음 날 처리해야 할 일을 채워 넣는다.

순서 ① '해야 할 일'을 적어 넣는다

NO	해야 할 일	기한
1	프레젠테이션 자료 수집	6 / 3
2.	회의 자료 50부 복사 /	6 / 4
3	○○ 상사의 담당자에게 전화	6 / 3
4	〈○○ 보고서〉 (1) 가설을 세운다.	6 / 2
5	〈○○ 보고서〉 (2) 조사	6 / 11
6	〈○○ 보고서〉 (3) 데이터 수집	6 / 15
7	〈○○ 보고서〉 (4) 작성	6 / 2
8	××상사의 ○○에게 팩스 발송	6 / 6
9	△△보고서 확인	6 / 6
10	□□ 사장에게 인사장 발송	6 / 1
11	고객에게 이메일 답장 발송	6 / 1
12	오후 4시부터 상담	6 / 1
13		
14		

6월 1일에는 처리해야 할 사소한 일이 많다.

가장 중요한 것은 4. (1) 가설을 세우는 일이다. 가설을 세우지 않으면 다음 일을 실행시킬 수 없다.

순서 ② '스케줄'을 짠다

시간	할 일
9 : 00	가설을 세운다
10 : 00	
11 : 00	조사를 위한 스케줄과 조사 포맷 작성
12 : 00	
13 : 00	○○에게 전화, 인사장, 이메일 회신, 팩스 발송
14 : 00	프레젠테이션에 필요한 정보수집
15 : 00	
16 : 00	상담
17 : 00	

- 중요한 일은 오전 중으로 처리한다
- 정리해서 한꺼번에 작업한다

5
모든 일에는 반드시 제한 시간을 정하라!

아무리 큰일도 실제로는 작은 일들로 구성되어 있다. 그러므로 효율적으로 일을 진행시키려면 일을 세분화하여 각각의 일을 철저하게 진행시켜야 한다. 예를 들어 우편물을 발송하기 위해 고객에게 전화를 걸어야 할 경우, 고객 리스트에 적혀 있는 순서대로 전화를 거는 대신 1시간 내에 몇 통의 전화를 걸지 결정한 후에 작업을 시작한다. 일단 시간과 정확한 목표가 정해지면 그 시간 안에 목표 건수를 달성하기 위해 더욱 열의를 가지게 된다. 설사 고객의 반응이 냉담하더라도 실망하지 않고 목표를 달성하기 위해 계속해서 전화를 걸 수 있다.

결과가 보이지 않는 막연한 일은 아무래도 의욕을 끌어내기 어렵다. '트랜드 상품의 소재 수집'이라는 일이 주어졌다고 치자. 이처

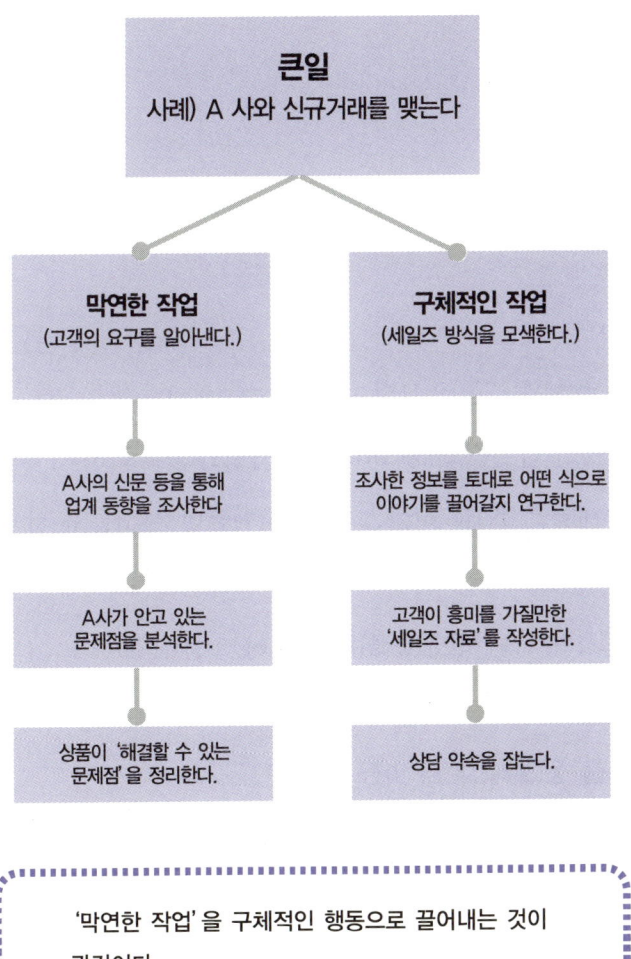

럼 확실한 결과가 보이지 않는 일은 '잡지를 통해 소재를 모으는 식'의 구체적인 작업으로 세분화하여 3시간 이내에 잡지책을 구입하여 정보를 수집하겠다는 식으로 작은 일부터 처리한다. 각각의 작은 일에 목표와 제한 시간을 정하면 아무리 큰일도 원활하게 수행해 낼 수 있다.

6
특별히 중요한 일을 처리할 때에는 예비 마감일을 정하라!

보통 마감일은 한 번으로 끝나지만 특별히 중요한 일을 진행할 때에는 두 번으로 나눠 예비 마감일을 설정하라. 일의 내용에 따라 다르겠지만 긴급하게 며칠 소비하거나 내용에 문제가 있는 경우를 고려하여 진짜 마감일을 며칠 앞두고 1차 마감을 설정하는 것이 좋다.

앞서 모든 일은 작은 일로 구성되어 있다고 말했다. 즉, 각각의 작업 생산성을 높이면 마감일을 앞당길 수 있다. 예를 들어, 12건으로 구성된 조사 보고서를 10일 후에 제출해야 한다고 치자. 토요일을 빼면 8일의 시간이 있다. 대략 그 2일 전을 1차 마감일로 정하면 6일의 시간이 주어진 셈이다. 통상적으로는 하루에 3건 조사하던 것을 4건으로 늘려 조사 일수를 단축하면 서류를 작성하는 데 3일

예비마감일 설정

월	화	수	목	금	토	일
일을 수주 받음	조사일 3일			서류 작성		
서류 작성	스스로 정한 1차 마감일	고객과 약속한 마감일				

> 특별히 중요한 작업을 분해하여 구체적으로 행동을 리스트화 한다.

> 일의 기한은 대략 7일이다. 스스로 1차 마감일을 정하면 예비일로 하루를 벌 수 있다.

을 할애할 수 있다.

 아무리 사소한 일이라도 나름의 마감일을 만들어 집중하여 일을 처리함으로써 일을 빨리 처리하는 습관을 익히자.

7
퇴근하기 5분 전에는
다음 날 해야 할 일을 확인하라!

퇴근하기 5분 전에는 '해야 할 일의 리스트'(64페이지 참조)를 체크한다.

그날 완료된 일은 선을 그어 삭제하고 새롭게 발생한 일은 추가하여 적어 넣는다. 아직 시작하지도 못한 일이나 완료하지 못한 일에는 표시를 하고 다음 날 해야 할 일을 구체적으로 확인해 둔다.

또한 '고객 정보수집'과 같은 애매한 업무는 일의 순서를 가늠하기 어려워서 뒤로 미루기도 하는데 이런 경우에는 어떤 데이터를 어떤 미디어나 매체를 통해, 얼마큼의 기간에 수집해야 하는가 하는 구체적인 사항까지 '해야 할 일 리스트'에 적어 넣는다.

퇴근하기 5분 전에는 그날을 반성하고 다음 날을 준비하는 데 할애해야 한다. 다음 날 해야 할 일의 흐름을 미리 시뮬레이션 해 두

퇴근하기 전에는 '다음날 해야 할 일'을 확인한다

NO	해야 할 일	기한
1	~~프레젠테이션 자료 수집~~	~~6 / 3~~
2.	회의 자료 50부 복사 /	6 / 4
3	○○ 상사의 담당자에게	6 / 3
4	~~(1) 가설을 세운다.~~	~~6 / 2~~
5	(2) 조사	6 / 11
6	〈○○ 보고서〉 (3) 데이터 수집	6 / 15
7	(4) 작성	6 / 2
8	에게 팩스 발송	6 / 6
9	△△보고서 확인	6 / 6
10	ㅁㅁ 사에게 인사장 발송	6 / 1
11	고객에게 이메일 답장 발송	6 / 1
12	~~오후 4시부터 협의~~	~~6 / 1~~
13	세미나 보고서 작성	6 / 2
14	약속 정하기	6 / 2
15	A 프로젝트의 진행사항 보고	6 / 2

> 완료되면 선을 그어 삭제한다

> 다음 날(6월 2일) 마감인 일을 확인한다

> 다음 날로 연기시킬 일

면 출근해서 시간을 낭비하지 않고 곧바로 일에 집중할 수 있다.

8
우선 계획을 세우고 철저하게 실행, 확인하라!

기본적으로 큰 프로젝트는 시간이 오래 걸리므로 우선 한 달 단위로 계획을 세우고 그것을 1주일 단위로 세분화하여 스케줄 표에 짜 넣는 것이 좋다. 이미 앞에서도 이야기했는데 재차 강조하는 것은 주간 계획이 하루의 행동 계획을 크게 좌우하기 때문이다.

이때 세상 일이라는 것이 계획한 대로 순조롭게 진행되기만 하는 것은 아니므로 일을 진행시키는 도중에 한 가지 일에만 지나치게 집착하여 시간을 허비하는 일이 없도록 주의해야 한다.

이러한 사태를 방지하고 월별 계획, 주간 계획, 일일 계획이라는 일련의 업무 흐름을 효율적이고 계획적으로 진행시키려면 'PDCA'라는 사이클을 알아 두어야 한다.

'PDCA'란, 계획을 세우고(Plan) 행동하고(Do), 평가하고(Check), 개선한다(Action)는 일련의 업무 사이클이다. 'PDCA' 사이클로 일을 진행시키면 지속적으로 문제점을 개선하면서 일을 처리할 수 있다.

(1) Plan: 계획을 세운다

목표를 달성하려면 계획을 세워야 한다. Plan(계획)을 제대로 세우면 일을 원활하게 진행시킬 수 있다. 계획을 세울 때의 요령은 아래와 같다.

- 목표의 구체화 … 목표는 구체적으로 실행 가능한 것으로 세운다.
- 정보 수집 … 일을 하는 데 필요한 정보를 수집한다.
- 방법의 검토 … 어떤 방법으로 착수할 것인가를 생각한다.
- 시간 예측 … 일을 처리하는 데 소요되는 시간은 여유를 갖고 상정한다.
- 계획 작성 및 구체화 … 5W2H를 토대로 계획을 세운다.

(2) Do: 계획대로 행동한다

(3) Check: 결과를 평가한다

- 목표와 결과의 차이를 확인한다.

일은 PDCA로 진행시켜라

Plan 5W2H를 기본으로 계획을 세운다.

5W2H	내용
Why	왜 하는가?
What	무엇을 하는가?
Who	누가 하는가?
Where	어디에서 하는가?
When	언제 하는가?
How	어떻게 하는가?
How Much(many)	예산, 규모 등은 얼마나 되는가?

Do 계획을 토대로 진행시킨다.
 적당히 계획의 진행상황도 확인한다.
 (계획대로 진행되고 있는가, 마감일까지 완료할 수 있는가 등)

Check 결과를 평가한다.
 (목표와 결과의 차이를 확인하여, 분석한다.)

Action 전체의 활동을 통해 개선해야 할 점을 검토하고 다음 번 일을 할 때 활용한다.

- 결과와 목표를 비교 분석한다.

(4) Action: 개선한다

전체의 활동을 돌아보고 개선해야 할 점을 검토하여 무엇을 어떻게 하면 좋은가 명확하게 파악한다. 어떻게 하면 좀 더 효율적으로 일을 진행시킬 수 있는가, 정확하고 신속하게 처리할 수 있는가 방법을 모색하고 다음번에 일을 진행시킬 때 적극적으로 활용한다.

9
행동 계획을 수첩에 기록하라!

　일을 순조롭게 진행시키려면 매일 가지고 다니는 수첩에 행동 계획을 기록하는 습관을 익혀라! 세일즈맨처럼 하루에 고객을 만나는 일이 잦고 사람을 만날 기회가 많은 사람은 시간까지 기입할 수 있는 주간별 스케줄 노트를 사용하는 것이 좋다.

　우선 연간 스케줄 표에는 회사의 행사나 일의 납기 등을 적어 한 해를 대략적으로 파악한다. 그런 다음 월간 스케줄 표나 주간 스케줄 표에 구체적인 행동 계획을 적는다. 그리고 매일 아침 '해야 할 일 리스트'를 작성할 때 수첩을 옆에 꺼내두고 스케줄에 변동이 없는지 확인한다. 이러한 습관을 들이면 여유를 가지고 일을 진행시킬 수 있다.

　또한 메모장에는 갑자기 떠오른 아이디어나 잊어서는 안 되는 사항 등을 적어 넣는다. 적은 후에는 그대로 놔두지 말고 반드시 정리하라. 필요 없는 메모는 한 달에 한 번씩 정리한다.

목표 리스트

(1) 연간 스케줄 … 1년간의 일의 흐름을 파악한다.

(2) 월간 스케줄, 주간 스케줄 … 주요 업무를 기입하여 효율적인 스케줄을 세운다.

(3) 하루의 해야 할 일 리스트 … 수첩의 기록한 내용을 토대로 하루의 일과를 기록한다.

NO	해야 할 일 리스트	기한
1		
2		
3		
4		
5		
6		
7		
8		
9		
10		
11		
12		
13		
14		
15		

PDCA 시트

오늘의 주요 업무
(   )   날짜 (/   /   )

	오늘의 Plan	예정시간 실시시간	CHECK & ACTION
1	 DO		☐
2	 DO		☐
3	 DO		☐
4	 DO		☐
5	 DO		☐
6	 DO		☐
7	 DO		☐
8	 DO		☐
9	 DO		☐
10	 DO		☐

3

불필요한 시간 낭비를 배제하고 바로 실행에 옮겨라!
효율을 높이는 방법

1
서류 찾는 데 시간을 낭비하지 마라!

사회생활을 시작한 지 얼마 되지 않았을 때에는 일을 잘하는 사람의 책상은 서류가 산더미처럼 쌓여 있을 것이라고 멋대로 생각했었다. 그러나 서류가 어지럽게 쌓여 있는 책상은 필요한 서류를 찾는 데 시간이 오래 걸리고 심한 경우에는 이면지와 헷갈려 중요한 서류를 버리는 등 일에 지장을 준다.

그에 비해 정리정돈이 잘 되어 있는 책상은 필요한 때에 서류를 바로 찾을 수 있어서 일도 신속하게 진행시킬 수 있다.

당신의 책상은 어떠한가? 깨끗하게 정리되어 있는가? 책상 위는 물론이고 서랍 속도 잘 정돈이 되어 있는가? 책상 주변은 당신이 일을 하는 곳이다. 의욕이 있어도 주변 환경이 어지러우면 집중력이 떨어진다. 우선 가까운 책상 주변부터 정리하자. 정리정돈의 기본

은 불필요한 것을 버리는 것이다. 퇴근하기 10분 전에는 정리정돈을 하는 시간으로 정하는 등 정기적으로 정리하는 시간을 갖는 것이 좋다.

항상 일을 하기 좋은 환경을 만들어라!

2
서류는 한 번에 찾아라!

　　　자책상 주변을 정리하여 일 하기 가장 쾌적한 환경을 만들었다면 이번에는 자료를 분류하여 정리하라. 일을 효율적으로 진행시키려면 필요한 서류를 필요한 시간에 찾아내야 한다.

다음 네 가지 단계를 통해 일의 효율화를 기대할 수 있다.

(1) 서류를 분류한다

검색하기 편리하게 분류한다. 분류의 기본은 테마(내용)별, 클라이언트별로 정리한다.

(2) 정리한다

서류 모양에 따라 상품을 선택한다.

- A4 서류 등 크기가 동일한 것끼리 파일에 정리한다.
- 모양이 불규칙적인 것은 정리하여 파일박스에 넣거나 클리어 파일에 넣는다.
- 상품은 동일한 소재를 선택하는 것이 좋다. 테마별로 색을 바꾸는 것이 좋지만 지나치게 많은 색을 사용하면 산만해지므로 몇 가지 색만을 사용하는 것이 요령이다.

(3) 라벨을 붙인다

라벨은 통일된 형태로 알아보기 쉽게 붙인다. 라벨은 통일하여 클라이언트 명, 테마, 날짜를 넣어 넣는다.

(4) 보관한다

사용빈도가 높은 서류는 꺼내보기 쉽도록 가까운 장소에 놔둔다.

현재 진행 중인 일의 관련 서류는 사용 빈도가 높으므로 바로 꺼낼 수 있는 장소에 진열한다.

파일 등을 진열할 때에는 검색하기 쉽도록 클라이언트이나 테마, 연도 별 등 일정한 규칙을 정하여 진열한다.

하루가 멀게 새로운 서류가 밀려들어오므로 한 번 사용한 파일은 원래 위치에 꽂아두자. 책상 위에 서류가 쌓이기 시작하면 작업을 잠시 멈추고 필요한 자료만 남기고 정리하는 등 능률적인 공간을 만드는 습관을 들여라!

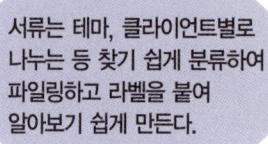

3
지시를 받을 때에는
한 번에 제대로!

우리가 하는 일의 대부분은 상사의 지시를 통해 진행된다. 지시나 명령을 받는 방법에는 몇 가지의 원칙이 있다. 그것을 익혀야만 일을 순조롭게 진행시킬 수 있는 요령이 생기고 몇 번씩 되묻는 등의 시간 낭비를 줄일 수 있다.

나에게도 지시를 제대로 받아들이지 못해 진땀을 뺐던 쓰라린 기억이 있다.

아직 신입사원이었을 때, 상사에게 업무를 지시받았는데 도통 무슨 소리인지 이해할 수가 없었다. 그런데도 기계적으로 "알겠습니다"라고 대답해버렸다. 결국 상사의 눈총을 받으며 다시 한 번 지시 사항을 확인해야 했다.

어떤 때는 "잘 알아들었는가? 내가 뭐라고 이야기했는지 말해 보게"라고 지시사항을 확인하는 상사도 있었다. 상사의 이야기를 들을 때는 다 이해한 것 같아도 막상 설명하려고 하면 무슨 말을 해야 할지 막막한 경우도 종종 있다. 이러한 실수를 하지 않도록 지시나 명령을 받아들이는 방법의 원칙을 기억해 두자.

(1) 상사가 부르면 대답한다

우선 상사가 부르면 큰 소리로 "네!" 하고 대답한다.

(2) 메모지와 펜을 준비한다

중요한 사항을 메모하기 위해 메모장과 펜을 지참한다.

(3) 상사의 지시를 메모하면서 듣는다

우선 상사의 이야기를 묵묵히 메모하면서 듣는다. 질문할 사항에 표시를 해 두면 깜빡하지 않고 확인할 수 있다. 질문내용이 여러 개일 때에는 번호를 붙여 정리하면서 듣는다. 또한 지시를 받을 때에는 '5W2H'를 토대로 듣는다.

- Why '왜' … 이유
- What '무엇을' … 목적
- Who '누가' … 사람
- Where '어디에서' … 장소
- When '언제' … 시간

- How '어떻게' … 방법
- How much '얼마나' … 비용
- How many '몇 개나' … 수

(4) 이해하지 못한 사항은 질문한다

이해하지 못한 사항이나 불확실한 사항은 "질문해도 되겠습니까?"라고 물어본 후에 완벽하게 이해될 때까지 확인한다. 설사 불가능한 일을 지시받았더라도 그 자리에서 바로 거절하지 말고 어떤 방법으로 처리할 수 있는지 방법을 모색한다. 해 보기도 전에 "저는 못 합니다"라고 포기해서는 안 된다. 반드시 어떻게 하면 일을 처리할 수 있는지, 그 방법(기일을 연장시키거나 지원을 청하는 등)을 준비하여 적극적으로 상사에게 상담을 요청하라.

(5) 복창한다

맨 마지막에는 지시나 명령의 개요를 복창하여 확인한다.

'5W2H'를 토대로 하여 메모하면서 듣는다

상사가 부산에 출장가야 하므로 비행기 표를 예매하라고 지시했을 경우.

- Why '왜' 이유 …… 출장으로
- What '무엇을' 목적 …… 비행기 표를
- Who '누가' 사람 …… 상사가
- Where '어디에서' 장소 …… 출장지 확인
- When '언제' 시간 …… O월 O일 O요일, 몇 시 출발, 몇 시 도착인가? 언제까지 비행기 표를 상사에게 전달해야 하는가?
- How '어떻게' 방법 …… 상사가 희망하는 좌석은 있는가?
- How much '얼마나' 비용 …… 비행기 표 요금을 확인한다.
- How many '몇 개나' 수 …… 한 장

상대의 이야기가 끝나면 지시한 개요를 복창하여 확인한다

이해하지 못한 사항은 질문하라!
상사가 이야기를 마치면 "질문해도 되겠습니까?"라고 방식 등을 상담한다. 처리하기 힘든 경우에는 구체적인 대책(기일을 연장시키거나 지원을 청하는 등)을 마련하여 적극적으로 상사에게 상담을 요청하라!

4
보고, 연락, 상담할 타이밍을 잡아라!

일본에서는 '보고', '연락', '상담'을 줄여 '보·연·상'이라고 한다. 예전에 '보·연·상'을 아십니까?"라는 질문에 "그럼요, 얼마나 맛있는데요.(보·연·상의 일본어발음은 '호렌소'로 '시금치'와 동음이의어임-옮긴이)"라고 대답한 사람이 있어 한바탕 웃은 적이 있다. '보고', '연락', '상담'은 일을 순조롭게 진행시키기 위해 필요한 커뮤니케이션 수단으로, 이 세 가지를 잘 활용할 줄 아는 사람은 상대를 배려할 줄도 안다.

아무리 사소한 업무이라도 여러 사람이 얽혀 있기 마련이다. 그래서 커뮤니케이션이 잘 통하는 사람과 함께 일을 하는 것은 상대에게도 행운이다. 가령 상사에게 지시받은 일을 진행하면서 진행상황에 대해 아무런 보고도 하지 않는다면 상사는 불안감을 느낄 수

밖에 없다.

또한 난처한 일이 발생했는데도 아무에게도 상담하지 않고 쉬쉬 덮어둔다면 돌이킬 수 없는 사태를 초래하게 될 것이다. 그러므로 일을 순조롭게 진행하려면 무엇보다 적합한 타이밍을 포착하여 철저하게 '보고', '연락', '상담'을 하여 일을 순조롭게 진행시키는 것이 중요하다.

(1) 보고할 타이밍

보고란, 일을 완전히 끝마친 후에 하는 절차로 생각하는 사람이 많은데 결코 그렇지 않다. 일을 진행시키는 동안 '중간보고'를 통해 진행상황을 알리는 것이 좋다. 또한 나쁜 결과일수록 빨리 보고해야 한다. 그래야 신속하게 대응할 수 있기 때문이다. 꾸지람 듣는 것이 두려워 차일피일 미루다 보면 사태는 점점 악화되어 뒤늦게 상사가 알게 되었을 때에는 이미 손을 쓸 수 없게 돼 버릴 것이다.

보고를 할 때는 결론을 먼저 말한 후 그 이유와 경과, 대책을 제시하라. 일을 제대로 진행시키지 못한 상태에서 다짜고짜 그 이유를 설명하면 변명을 늘어놓는 것으로 보일 수 있으므로 주의해야 한다. 그리고 마지막에는 반드시 그에 대한 대책을 제시하는 것이 좋다.

> | 사례 | 납기일을 맞추지 못한 경우
>
> ✕ : 이유만 보고하고 대책을 제시하지 않은 경우
> "갑자기 빨리 처리해야 할 클레임이 발생해서 3분의 2밖에 처리하지 못했습니다."
>
> ○ : 우선 결론을 보고한 후 대책을 제시한 경우
> "죄송합니다. 지시하신 일을 아직 처리하지 못했습니다. 다른 건의 클레임을 처리하는데 시간이 오래 걸려 아직 3분의 2밖에 하지 못했습니다. 오늘 5시까지는 반드시 처리하겠습니다."

(2) 연락할 타이밍

중요한 사항은 즉시 연락하라. 다른 사람의 이야기를 전달하거나 협의 내용을 알릴 때에는 그 자리에 없었던 사람도 쉽게 이해할 수 있도록 간결하게 내용을 정리한다. 또한 자신이 어디 있는지 위치를 확실하게 알려 언제든지 연락이 닿을 수 있도록 조치한다. 식사나 볼일을 보기 위해 잠시 자리를 비울 때에는 목적지와 소요시간을 확실하게 밝혀두자.

(3) 상담할 타이밍

난처한 일이 발생하면 그 즉시 상사에게 상담하라. 섣불리 혼자 힘으로 해결하려고 하면 오히려 문제가 커질 수 있으므로 신속하게 문제를 상담하는 것이 중요하다.

> **| 사례 | S의 경우**
>
> S는 상사가 지시한 일이 끝나자 빨리 상사에게 보고를 한 후 다른 일을 진행시키고 싶었다. 때마침 외근 나갔던 상사가 돌아왔다. 급한 마음에 S는 외투를 벗고 있는 상사에게 다가갔다. "지난번에 지시하신 건에 대해 보고 드리겠습니다." 그러자 상사는 조금 성가신 듯이 대답했다. "잠깐 기다리게. 지금 막 돌아왔는데 차 한 잔 마실 시간은 줘야할 것 아닌가?"

S는 어떤 오류를 범했을까?

S는 무조건 빨리 보고하면 상사가 기뻐할 것이라고 착각하고 있었다. 그러나 모든 일에는 적절한 타이밍이 있기 마련이다. 이를 깨달은 S는 잠시 후 상사의 상황을 살피며 적절한 시기를 보아 "이제 보고 드려도 되겠습니까?"라고 상대의 의견을 물었다.

이 사례에서도 알 수 있듯이 보고를 할 때는 타이밍을 파악하는 것이 중요하다. 반드시 상사가 안정된 마음가짐으로 이야기를 들을 수 있는 상태인가 확인한 후에 보고하라.

5
메모하는 습관으로 일의 질을 높여라!

상사에게 지시를 받으면 지시사항을 반드시 메모하는 습관을 들여라! 나는 젊은 사원들을 대상으로 강의하는 직업적인 특색 상, 여러 기업의 사원들을 만난다. 강의에 참가한 사원들을 보면 그들이 소속되어 있는 기업에 메모 문화가 있는지 없는지 금방 알 수 있다. 사원이 메모를 잘 하는 기업은 사전 준비가 철저하고 사원들 간의 연락도 원활하게 이루어진다.

한편 사원이 메모를 안 하는 기업은 사내 커뮤니케이션이 원활하게 이루어지지 않고 강사가 원하는 사항도 제대로 전달이 되지 않는 경우가 많다. 메모하는 작은 습관 하나로도 이렇듯 큰 차이가 생긴다.

메모하는 습관은 비즈니스맨에게도 반드시 필요하다. 일을 꼼꼼

무엇이든 메모하는 습관을 익혀라!

항상 메모장과 펜을 갖고 다닌다
➡ 언제라도 메모할 수 있도록 준비해 둔다.

업무용 노트를 준비한다
➡ 휴대용 메모장과 업무용 메모장을 구분한다. 업무용에는 노트를 준비하여 메모한다.

되도록 많은 사항을 메모한다
➡ 요점만 메모하면 나중에 읽었을 때 무슨 내용인지 알 수 없게 될 우려가 있다. 그러므로 익숙해질 때까지는 되도록 많은 사항을 메모한다.

하게 처리하는 사람일수록 메모하는 습관을 가진 사람이 많다. 필요한 요점을 요령 있게 메모하므로 빠트리지 않고 효율적으로 일을 진행시킬 수 있다. 평소부터 아무리 사소한 일이라도 메모하는 습관이 훗날 성장의 차이를 만든다는 사실을 명심하라.

6
업무 시작 15분 전까지는 모든 준비를 완료하라!

일에는 'ㅇㅇ까지는 일을 마쳐야 한다'라는 마감일이 있다. 어떤 일이든 마찬가지다. 예를 들어, 회사에 제출하는 서류도 모두 마감일이 정해져 있다.

예전에 회사에서 강연회의 감상문을 제출하라는 숙제를 낸 적이 있었다. 마감 당일에 사원 한 명이 좀 늦겠다는 연락을 해 왔다.

그런데 오후가 되어도 그는 좀처럼 나타나지 않았다. 그 당시에는 휴대전화가 널리 보급되어있지 않았다. 다급해진 상사가 옆의 있는 부하직원에게 소리쳤다.

"지금 당장 감상문을 제출하러 오라고 전보를 치게!"

'전보? 뭐 그럴 걸로 전보까지 치나?'라고 생각하고 있을 때 마침 그 사원이 나타났다. 다행이 전보를 치지 않고 일을 매듭지을 수 있었지만 화가 단단히 난 상사는 지각한 사원을 호되게 꾸짖었다.

"이게 무슨 짓인가! 마감일이 정해져 있는 일은 반드시 그 날까지 일을 처리하게. 연수회나 회의, 보고회가 있는 날은 아무리 아파도 약속 시간을 어겨서는 안 되네. 알아듣겠나?"

그 일이 있은 후로 깨달은 바가 있어 나는 마감일이 정해진 일은 반드시 지키려고 노력하고 있다.

상사가 지시한 날짜까지 일을 마치지 못한다면 당신은 신용을 잃게 될 것이다. 더욱이 고객과의 약속을 지키지 못하면 신용을 잃고 일을 할 수 있는 기회마저 잃게 될지도 모른다. 그러므로 반드시 기한을 지켜라!

그렇다면 어떻게 해야 기한 내에 일을 처리할 수 있을까? 방법은 간단하다. 업무 시작하기 15분 전까지는 모든 준비를 마쳐라! 일을 진행시키기 위한 사전 준비는 물론이고 거래처를 방문하기 전에 정보를 수집하거나 제출할 보고서에 빠트린 것은 없는지 확인하는 작업 등 모든 업무에 발생하는 준비를 여유 있게 끝마쳐라. 이렇게 업무를 시작하기 15분 전에 모든 준비를 완료시켜 두면 도중에 실수를 하더라도 침착하게 대처할 수 있으며 기한을 지킬 수 있다.

7
동시다발적으로 일을 진행시켜라!

한 가지 일이 끝난 뒤에 다른 일이 순서대로 들어오면 좋겠지만 그런 경우는 매우 드물다. 그러다보니 여러 가지 일을 동시에 진행시킬 수밖에 없다.

그러나 인간이다 보니 책상 위에 서너 개의 서류를 올려놓고 동시에 작업을 할 수는 없는 노릇이다. 그래서 시간을 효율적으로 분배하여 각각의 일을 착수해야 한다.

숨 돌릴 틈 없이 일이 밀려들어와도 오전의 3시간 동안 A의 일을 했다면 오후부터는 다른 일을 처리하는 등 나름의 시간분배를 해야 한다.

예를 들어, A의 일에 대한 설문조사 자료를 12시까지는 완료시키고 오후부터는 B의 일을 하는 등, '목표 시간'을 정하고 일을 하는

일을 끝내고자 하는 '목표 시간'을 정하라!

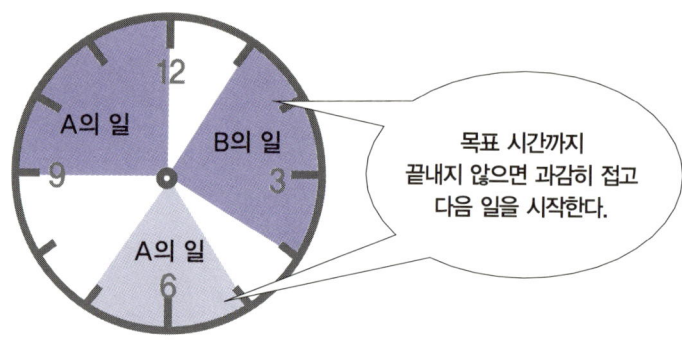

편이 훨씬 높은 생산성을 기대할 수 있다. 그런데 계획대로 척척 일이 진행되면 좋으련만 한 가지 일을 접고 다른 일을 시작하려고 해도 그게 생각처럼 순조롭게 진행되지 않는다. 그래서 목표 시간을 정하는 일이 중요하다.

또한 마감일이 동일한 일이 여러 개가 겹쳤을 경우에는 동시에 완료시킬 수 없으므로 반드시 각각의 일의 기안을 조절하여 여유 있게 스케줄을 짜야 한다.

한 레스토랑에서는 아르바이트생 채용 시험으로 루빅스 큐브를 맞추는 동안에 '존경하는 사람은 누구인가?', '좋아하는 책 제목은?'이라는 질문에 손을 멈추지 않고 대답할 수 있는가를 알아본다고 한다. 테이블에 음식을 서빙할 때 고객이 말을 걸어도 손을 멈추지 않고 대답할 수 있는가 하는 것을 시험해 보기 위한 것이다.

  이 시험을 통해서도 알 수 있듯이 일을 잘 하는 사람은 여러 가지 일을 동시다발적으로 진행시킬 수 있어야 한다.

8
자질구레한 작업은 정리하여 한꺼번에 처리하라!

일에는 거래처와 거래를 성사시키는 일과 같은 주된 업무도 있지만 우편물을 대량으로 발송하거나 이메일, 팩스를 확인하는 작업과 같은 부수적인 업무도 있다.

이들 작업을 눈에 띄는 대로 바로바로 처리하려면 거기에 걸리는 시간만큼 중요한 일을 하던 손길을 멈춰야 한다. 그러면 아무래도 효율성이 떨어질 수밖에 없다. 이러한 자질구레한 작업은 정리하여 한꺼번에 처리하라. 점심 식사를 한 뒤에 졸린 시간대나 저녁 시간이 좋다.

짧은 시간에 처리할 수 있는 일은 그 자리에서 바로 처리하라. 예를 들어 전시회에 참석여부를 묻는 전화가 걸려왔다면 뒤로 미루지 말고 그 자리에서 출석여부를 밝혀라!

세미나 안내나 보고서와 같이 정기적으로 구독하고 있는 우편물은 읽은 후 바로 스크랩하고 불필요한 서류는 쌓아두지 말고 그 자리에서 파기한다.

이메일도 마찬가지다. 새로 도착한 이메일이 쌓이면 찾고자 하는 이메일을 찾기 어려우므로 불필요한 메일은 바로 삭제하라.

부하직원의 업무보고서를 읽는 등 다른 사람과 관련된 일은 중요도가 한층 높아진다. 이러한 작업을 뒤로 미루거나 마감일을 정하지 않고 쌓아두어서는 안 된다.

한 기업에서는 상사가 부하직원의 업무보고서를 읽고 코멘트를 달아주는 작업을 미처 고려하지 못하고 스케줄을 짜는 바람에 자그마치 3개월분의 업무보고서를 방치한 어처구니없는 시대가 벌이지기도 했다. 뒤늦게 몇 개월분을 정리하여 한꺼번에 돌려주기는 했으나 그 후로 결국 아무도 업무보고서를 제출하지 않게 되었다고 한다.

아무리 하찮은 일이라도 제대로 처리하지 않아서 주위의 신뢰를 잃는다면 그것은 결코 그냥 넘어갈 수 있는 문제가 아니다. 그러므로 작은 일이라도 확실하게 처리하는 습관을 들이자!

9
한번 시작한 일은 반드시 끝을 내라!

일을 할 때에는 '무엇을', '언제까지', '어떠한 상태로' 하면 '완료'할 수 있는가를 명확하게 파악해야 한다.

자료를 작성하여 이번 주 내에 상사에게 제출해야 하는데도 아무런 보고도 하지 않는다면 설사 자료가 완성되었다고 해도 일을 끝낸 것이 아니다.

A는 출장을 떠나는 상사에게 모레 출발하는 비행기 티켓과 숙박시설을 예약해 두라는 지시를 받았다. 다음날 A는 몸이 아파서 출근하지 못했다. 상사는 숙박시설을 확인하고 비행기 티켓을 받고 싶었지만 A에게 전달사항을 받은 사람이 아무도 없었다. 하는 수 없이 A의 집으로 확인전화를 걸어야만 했다.

이 경우에 어디에 예약을 했는지 숙박시설을 상사에게 보고하고 비행기 티켓을 상사에게 전달해야 A의 임무가 완료된다. 만일 A가 결근을 할 수밖에 없었다면 그 시점에서 동료에게 숙박시설을 알려주고 비행기 티켓을 상사에게 건넬 수 있도록 조치를 취해야만 했음에도 불구하고 A는 아무런 행동도 취하지 않았다.

어떠한 일이든 완벽하게 처리하려면 우선 사소한 일부터 완벽하게 해야 한다.

출장을 갈 때 기차 안에서 음식을 먹었다면 원래대로 깨끗하게 정리하고 내려라! 호텔에서도 마찬가지다. 체크 아웃하기 전에는 처음 방에 들어갔을 때와 동일한 상태로 정리한 후에 호텔방을 나와야 한다. 나는 직장상사에게 이러한 가르침을 받았다.

사소한 것일지라도 사용한 뒤에 정리하지 않고 그대로 내버려 두는 사람은 산만해지기 쉽고 실수도 많아진다. 그런 사람에게는 큰일을 맡겨도 마감일 내에 처리하지 못한다.

마찬가지로 아무리 작은 작업이라도 목표 시간을 정하고 시간 내에 끝내지 못하면 결코 큰일을 할 수 없다. 평소부터 아무리 작은 일이라도 확실하게 처리하는 습관을 익혀라!

그러면 홀가분한 마음으로 다음 일을 시작할 수 있고 어떠한 일이 주어져도 마감일에 맞춰 확실하게 수행해 낼 수 있다.

10
사소한 일에 집착하지 말고 마감일을 엄수하라!

사소한 일에 집착하여 마감일을 지키지 못하는 일이 없도록 주의하라.

『손자병법』에 '병문졸속(兵聞拙速)'이란 말이 나온다. 용병을 할 때는 졸렬하여도 빠른 것이 좋다는 뜻이다. 즉, 전쟁을 할 때에는 하찮은 정보를 모으거나 검토를 하는 데 시간을 빼앗기기보다는 신속하게 결단을 내려서 행동에 옮기는 것이 승률이 높다는 것이다.

일도 마찬가지다. 예를 들어 그래프를 작성하는 데 시간을 허비하여 정작 제안서 내용에는 신경 쓰지 못한 적은 없는가? 그다지 중요하지 않은 일에 시간을 낭비한 탓에 마감일까지 일을 마무리 짓지 못하면 무엇을 위한 일인지 그 일의 원래 목적마저도 헷갈리게 된다. 이는 일의 우선순위를 잘못 계산했기 때문이다.

일단 일을 진행시켰으면 마감일을 엄수하라. 기한을 지키기 위해 죽을 둥 살 둥 일하라는 것이 아니다. 쓸데없는 일을 과감히 던져버리라는 것이다.

K는 회의 자료로 각 부서의 당월 매상액을 집계하여 표로 만들라는 지시를 받았다. 그런데 예정시간보다 10분 넘어서야 겨우 표를 완성시켜 상사에게 가져갔더니 버럭 화를 내는 것이 아닌가!

K는 그래프로 작성하는 편이 이해하기 쉬울 것이라고 판단내리고 형형색색으로 그래프를 그렸던 것이다. K는 "수치만 알면 되니 우선은 시간을 맞추게. 시간 비용에 대한 의식을 가지란 말일세"라며 호되게 꾸지람을 들었다.

K가 만든 회의 자료의 원래 목적은 각 부서의 매상을 수치로 파악하는 것이었다. 기한 내에 목적을 달성하려면 별로 중요하지 않은 일은 과감히 포기해야 한다.

물론 상사가 원하는 완성도를 충족시키는 것도 중요하다. 그러나 세부적인 사항까지 완성도를 높이기 위해 마감일을 맞추지 못하는 것보다는 중요도를 명확하게 판단하여 마감일을 맞추는 편이 중요하다. 쓸데없는 일에 귀중한 시간을 낭비하고 있지는 않은지 한번 돌아보자.

4

'목표'를 설정하여 의욕을 높여라!

모티베이션을 높이는 방법

1
가슴 설레게 하는 목표를 세워라!

당신의 가슴을 마구 두근거리게 하는 목표를 가지고 있는가? 가령 이런 목표는 어떨까?

- 스물여덟 살까지는 되도록 많은 경력을 쌓아 ○○로 인정받는 프로가 되겠다.
- 3년 안에 ○○ 자격증을 취득하여 연봉 1억을 보장받는 성공한 세일즈맨이 되겠다.
- 서른 살까지 열심히 실력을 쌓아 외국에서 활약하는 멋진 통역가가 되겠다.

인간은 목표가 뚜렷하면 좀 더 빨리 원하는 모습으로 성장한다.

목표를 세우는 작업은 자신이 나아가고자 하는 방향성을 확인하는 계기가 되어 줄 것이다. '내가 진짜로 하고 싶은 일은 뭘까?', '좋아하는 일은 뭐지?' 곰곰이 생각해 보자.

친구 중에 목표를 세우고 그 목표를 하나하나 차분히 달성시키며 꿈을 이뤄나가고 있는 사람이 있다. 그녀는 5년 전까지만 해도 학생들을 가르치는 과외교사였다. 그러던 어느 날 문득 '평생 할 수 있는 일이 뭘까?'라는 의문이 들었다고 한다. 그렇게 얼마의 시간이 흘렀을까? 자주 가던 서점에 들른 그녀는 여느 때와 마찬가지로 책을 뒤적거리고 있었다. 그러다 막연하기만 했던 그녀의 의문을 말끔히 날려줄 광고를 발견하게 되었다. 바로 '침구 마사지' 학생을 모집하는 전문대학교의 모집공고였다.

그녀는 우선 전문대학교에 입학하기 위해 입시 공부를 시작했다. 낮에는 학교에서 공부하고 밤에는 9시까지 일을 했다. 그렇게 열심히 노력한 덕에 한 번에 당당하게 합격할 수 있었다. 아파트를 사기 위해 알뜰살뜰 모아온 돈을 전액 학비로 써버리고 마흔 두 살의 나이로 새로운 인생을 향해 첫걸음을 내딛었다.

학교에 다니면서 그녀는 재활 시설을 세우겠다는 새로운 꿈을 가지게 되었다. 그리고 이번에는 그 꿈을 이루기 위해 노약자들의 재활활동을 시행하는 치료원에 취직했다. 자전거로 고객의 집을 방문했는데, 그 거리는 하루 평균 10킬로미터였다고 한다.

2년 동안의 수행과정을 마치고 2006년 봄, 그녀는 마침내 재활 시설을 개설했다. 그녀는 우선 목표와 달성 기한을 정하고 그 목표를 달성하기 위해 온갖 노력을 쏟았다. 그 덕에 목표 기한 내에 멋지게 꿈을 이뤄낼 수 있었다. 다음 목표는 그룹 홈(장애인들이 공동으로 생활하는 가정 또는 소규모 시설—옮긴이)을 만드는 일이라고 한다. 그녀라면 분명 그 꿈도 멋지게 이뤄 내리라 믿어 의심치 않는다.

〈목표를 세우는 요령〉

■ **실현할 수 있는 범위 내에서 목표를 세워라**

- 목표가 높은 경우: 짧은 기한 내에 달성할 수 있는 목표를 세운다.

  예) '독립하겠다!' → '공인중개사 자격증 공부를 하여 1년 이내에 취득한다.'

- 목표가 낮은 경우: 달성하고자 하는 목표에 결부지어 의욕을 높인다.

  예) '아침에 일찍 일어나겠다!' → '회사에 일찍 출근하여 모닝커피를 한 잔 마시며 그날 해야 할 일을 생각한다.'

■ **구체적인 목표를 세워라**

달성하고자 하는 기한을 정하는 등 목표를 수치화한다. 목표를 달성하기 위한 행동도 구체적으로 기입한다.

■ 긍정적인 단어를 사용하라

부정적으로 생각하는 습관은 버리는 것이 좋다. '지각하지 않겠다'라는 식으로 부정적인 단어를 사용하기보다는 '아침에 평소보다 10분 일찍 집에서 나가겠다'라는 식으로 긍정적인 단어를 사용하여 목표를 세운다.

목표 달성 리스트 만들기

목표 달성 리스트

지금부터 OO년 이내에 달성하고자 하는
목표는 무엇인가?

....
....
....

목표를 달성하기 위해 어떠한 행동을 취할 것인가?

....
....
....
....
....

언제까지 달성시킬 것인가?
(   )년 (   )월 (   )일

> 눈에 잘 띄는 곳에 붙여두자! 원하는 자신의 모습을 떠올리면서 읽어라!

2
자신의 일을 천직으로 생각하라!

일을 하다보면 온갖 장애물에 부딪치기 마련이다. 깔끔하게 다려진 양복에 넥타이를 매고 바쁘게 일하는 모습을 상상하며 사회생활에 첫발을 내딛었는데 매일 하는 일이라고는 자료나 복사하고 고객들의 클레임 전화에 입이 닳도록 사죄하는 일이라면 '이런 일이나 하려고 힘들게 공부해서 여기까지 온 게 아닌데……. 이젠 정말 지쳤어'라는 생각이 절로 들 것이다. 자신의 생각과 현실의 차이, 이것 또한 사회생활을 하면서 극복해야 할 하나의 큰 장애물이다.

이러한 정신적인 측면 이외에도 입사한 지 2, 3년이 지나면 새로운 업무를 수행하기 위해 그에 걸맞은 실력을 쌓아야 하는데 이 때 또 한 번 큰 장애물에 부딪치게 된다.

이는 어느 회사나, 어떤 업무를 불문하고 누구나 겪게 되는 지극히 당연한 절차라고도 볼 수 있다. 어떠한 일이든 조금의 막힘도 없이 일사천리로 해결되는 일은 안타깝지만 존재하지 않는다. 그런데도 이를 받아들이지 못하고 불만을 품고 있으면 당신은 더 이상 성장할 수 없을 것이다.

발전하는 사람들에게는 공통점이 있다. 자신의 일을 천직으로 생각하여 항상 일에 대한 의욕을 불태울 수 있는 원동력으로 삼는다는 것이다. 인간은 좋아하는 일을 하면 설사 어려운 난관에 부딪치더라도 절대로 포기하지 않는다. 힘들다고 우는 소리하는 사람은 더더욱 없다. 지금 당신이 하고 있는 일의 이점을 찾아내어 그것이 당신을 성장시키는 탄탄한 기둥이 되어 줄 것이라고 생각하라. 그러면 일이 훨씬 즐거워질 것이다.

아직 경험이 많이 부족했던 신입사원 시절, 항상 지적이고 폼 나는 일만 하는 선배가 있었다. 그런데 어느 날 선배가 혼잣말로 "조금만 더 기운내자. 이런 일로 쓰러지면 안 돼!"라며 자신을 격려하는 모습을 보고 그야말로 전기가 통한 것 같은 큰 충격에 휩싸였다. 항상 자신감을 갖고 당당한 모습만을 보이던 선배도 자신의 벽을 극복하려고 이렇게 노력하고 있다니! 훗날 선배는 이렇게 말해 주었다.

"하기 싫은 일을 맡을 때일수록 회사를 그만두면 안 된다는 생각이 들어. 비겁하게 도망쳤다는 후회 따위는 하고 싶지 않거든."

정말 그렇다. 하기 싫은 일이나 난처한 일을 떠안게 될 때마다 회사를 그만둔다면 평생 이 회사 저 회사 옮겨 다니는 떠돌이 신세를 면치 못하게 될 것이다. 게다가 입사한 지 얼마 되지 않아 다른 회사로 옮기고 그러기를 반복하면 일에서 느낄 수 있는 진정한 재미를 맛볼 수 없게 된다. 어려운 장애물을 극복하기 위해 열심히 노력해야 비로소 일의 재미를 느낄 수 있기 때문이다.

지금 당신에게 주어진 일을 천직이라고 생각하라. 그러면 일에 대한 의욕이 넘치게 되고 좋은 성과를 올리기 위해 필요한 지혜도 얻게 될 것이다.

3
주어진 일을 통해 배울 점을 찾아라!

회사에서 일을 하다보면 크고 작은 다양한 일을 맡게 된다. 고객을 응대하는 일이나 전화를 받는 일상적인 업무에서부터 상사가 지시한 자료를 복사하거나 입력하는 사무작업 등등 그야말로 다양하다. 스스로 스케줄을 짜고 일을 진행시킬 수 있는 위치가 확립될 때까지는 아무래도 이러한 자질구레한 일이 차지하는 비중이 높기 마련이다.

그렇다면 회사가 이러한 사소한 일을 통해 당신한테 원하는 것은 무엇일까? 그것은 아마도 작은 일을 철저하게 수행하면서 탄탄한 비즈니스 기초력을 쌓는 일일 것이다. 어떠한 일이 주어져도 좌절하지 않고 당당하게 맞설 수 있는 사원을 육성하기 위한 사려 깊은 기업의 의도인 것이다.

예를 들어, 회사의 업무 내용을 파악하는 일이나 비즈니스 매너를 익히는 일은 하찮아 보일 수 있다. 그렇지만 이러한 경험을 차곡차곡 쌓다보면 언젠가는 다른 사람들에게 인정받는 날이 반드시 찾아올 것이다.

내가 이렇게 말하는 데는 그럴만한 이유가 있다. 내게는 이러한 일들을 대수롭지 않게 여겼다가 머리를 한 대 맞은 것 같은 큰 충격을 맛봐야 했던 쓰라린 경험이 있다.

입사하고 1년쯤 되었을 무렵의 일이다. 나는 종종 사무적인 작업을 처리하라는 지시를 받으면 당황하곤 했는데, 대개 이러한 업무는 갑자기 떠맡게 되는 경우가 많기 때문이었다.

상사가 기획서 초안을 워드로 입력하는 업무라도 지시내리면 조금 전까지 진행하고 있던 일은 일단 중단시켜야 했다. 그리고 되도록 빨리 지시받은 일을 처리하고 내가 하던 일을 마저 하고 싶은 마음에 상사가 지시한 일을 재빨리 처리했다.

그러자 상사는 나의 일 처리 속도가 빠르다고 생각했던 모양이다. 다음 날 출근하자 이번에는 다른 기획서를 입력하라고 지시했다. 매일매일 그렇게 사무적인 작업이 나의 일을 치고 들어왔다. 동료들은 다들 자신이 하고 싶을 일을 하는데 나는 매일 한심하게 이런 사소한 일이나 해야 한다고 생각하니 더 이상 참고 있을 수만은 없었다.

그러던 어느 날, 밤늦게까지 남아있던 동료 S가 컴퓨터 작업을 하고 있었다.

"이 시간까지 무슨 자료를 입력하고 있는 거야?"라고 문자 동료가 대답했다. "기획서를 입력하고 있어. 부장님이 지시하셨거든." 나는 안쓰러운 마음에 "피곤하겠다"라고 말했더니 그는 의아하다는 듯이 되물었다. "왜 이 일이 피곤하다고 생각해?"

순간 나는 그를 이해할 수가 없었다. '저런 하찮을 일을 시키는데 어떻게 아무렇지도 않을 수가 있지?' 하고 의아해 하는데 그가 이렇게 덧붙였다.

"기획서를 입력하는 작업이 얼마나 많은 공부가 되는 줄 알아? 기획서를 어떻게 작성하는지 알 수 있지. 게다가 기획서 초안을 내게 맡긴다는 건 그만큼 나를 믿는다는 증거잖아."

게다가 S는 단순히 자료를 입력하는 데서 그치지 않고 오타는 수정하고 이상한 문장은 상사에게 확인한다고 한다. S는 자료를 입력 작업을 통해 일을 하는 노하우와 감각을 익히고 있었던 것이다.

반면 나는 빨리 처리하기 위해 내용도 읽지 않고 그저 문자를 있는 그대로 치는 일에 그쳤을 뿐이었다. 긍정적인 사고방식으로 자료 입력을 일로 발전시킨 S에 비해 나는 그야말로 단순한 작업만 하고 있었다. 이 일로 나는 부정적인 사고방식이 어떠한 차이를 초래했는지 뼈저리게 느낄 수 있었다.

몇 달 뒤, S를 찾는 거래처가 끊이지 않았다. 직접 제안한 기획으로 프로젝트를 진행시키는 기회도 잡게 되었고 그 후로도 회사의 인정을 받으면 매일 활기차게 일하고 있다.

S가 일을 통해 성장할 수 있었던 가장 큰 이유는 어떤 일을 하든

능동적으로 배우려는 자세로 모든 기술을 흡수했기 때문이다.

아무리 작은 일이라도 정해진 것을 정확하게 수행해 내려는 마음가짐이 중요하다. 이와 더불어 무언가를 배우겠다는 각오로 주어진 일을 자신의 일로 바꿀 수 있다면 일은 점점 더 즐거워질 것이다.

재차 강조하지만 어떤 일이든 그 일을 철저하게 해내면 성장할 수 있다. 우선 상사가 사소한 일이라도 자신을 믿고 맡겨준 것에 감사하라. 그리고 주어진 일의 목적을 확실하게 이해한 후에 일을 진행시켜라.

이러한 마음가짐으로 일을 하면 저절로 의욕이 생기고 출근하는 발걸음이 한결 가벼워질 것이다.

4
주어진 일은 깔끔하게 처리하라!

일에 익숙해지다 보면 안일해지기 십상이다. 그러나 그럴 때일수록 더욱 긴장감을 가지고 일에 임해야 한다.

'전력 질주'란 자신이 가진 힘을 모두 쏟아내는 것을 말한다. 의욕적인 사람일수록 장애물을 높게 설정하고 일의 질을 높이려고 끊임없이 노력한다.

반대로 전력을 기울이지 않는 사람은 '이 정도면 될 거야'라며 멋대로 생각하고 일을 중단해버린다. 그러다가는 "일을 이 따위로밖에 못하겠나?"라는 비난을 피하기 어려울 것이다.

사람은 누구나 높은 평가를 받고 싶어 한다. "이 정도로 멋지게 해 낼 줄을 몰랐네." 주위 사람들에게 인정을 받고 사람들이 거는 기대가 크면 저절로 자신감이 솟는다. 그러면 자신을 가로막고 있던 장애물도 훌쩍 뛰어넘을 수 있는 힘이 생기고 계속해서 성장을 거듭할 수 있다.

그러기 위해서는 우선 각각의 일을 깔끔하게 처리하는 습관을 가져야 한다. 스스로 완벽하다고 느낄 수 있을 때까지 전력을 기울여라.

열심히 노력했지만 시간 내에 목표수치를 달성하지 못한 일이 있으면 그냥 넘어가지 말고 다음번에 남은 몫까지 달성할 수 있도록 더욱 노력하라. 또 제안서를 제출할 때에는 문서를 완벽하게 작성하고 회의에서 의견을 발표할 때는 나름의 제안서를 만드는 등 작은 목표를 세워 한 발씩 목표에 다가가려는 노력을 기울여라.

스스로 목표를 설정하면 달성하고자 하는 마음이 강해진다. 수시로 현실과 목표와의 차이를 분석하면서 면밀하게 전략을 세우고 일을 진행시킬 수 있으므로 좀 더 빨리 좋은 성과를 올리는 데 박차를 가해 줄 것이다.

5
일상 업무를 통해 판단력을 길러라!

비즈니스 현장에서 일어나는 사건 중에는 예측하기 어려운 일이 많다. 어떤 사태가 벌어져도 신속하고 정확하게 대응하려면 평소에 판단력을 길러둬야 한다.

'판단'이라는 단어에는 특별한 사태가 발생했을 때에 내리는 의사결정이라는 이미지가 강하다. 그러나 우리는 아침에 눈을 떠 잠자리에 들기 전까지 끊임없이 선택의 기로에 서서 매번 옳은 판단을 요구받는다.

예를 들면, 아침에 빵을 먹을지 밥을 먹을지 아님 굶을지 선택하는 것도 판단이다. 아무런 생각 없이 결정한 것 같지만 자신의 몸 상태, 기호라는 판단기준을 토대로 나름대로 최고의 판단을 내리고 있는 것이다.

특히 회사에서는 짧은 시간 안에 옳은 판단을 내려야 하는데, 그러려면 비즈니스를 성공시키기 위한 판단기준의 척도를 많이 가지고 있어야 한다.

가령 고객과 미팅 중인 상사를 찾는 전화가 걸려왔다고 치자. 이때 아무생각 없이 "지금은 미팅 중입니다"라고 말하고 끊어버리면 전화를 건 상대는 나쁜 인상을 받게 될 것이다. 클레임을 걸기 위한 전화이거나 급하게 대응해야 할 안건으로 전화를 건 것이라면 사태를 더욱 악화시킬 수도 있다. 이와는 반대로 "지금은 미팅 중인데 무슨 급한 용건이라도 있으십니까?"라고 물으면 상대에게 좋은 인상을 심어줄 수 있다. 이는 회사의 상황보다 고객을 우선하겠다는 판단의 좋은 사례라고 하겠다.

평소부터 기준을 명확하게 하고 판단내릴 기회를 많이 가져 판단기준의 척도를 늘려라. 성공과 실패를 반복하면서 점차 판단력이 길러질 것이다.

우선 일상생활에서부터 판단하는 능력을 길러라. 아무리 작은 일이라도 우선해야 할 중요한 일이 무엇인가를 생각하라. 이것이 당신의 판단기준을 늘려줄 것이다.

나는 상점의 접객매뉴얼을 작성하는 일을 하기도 하는데 이때 모든 행동을 매뉴얼화하는 것은 좋지 않다.

예를 들어, 신발가게의 접객 매뉴얼을 만들 때, '아이를 안은 고객이 신발을 신어보려고 하면 신발을 신겨드려라!'라는 사소한 부분까지는 거론하지 않는다. 구체적인 장면별 대응책을 적으려면 한도 끝도 없기 때문이다. 그보다는 '당신이 고객이라면 점원이 어떻게 하면 기분 좋겠는가를 기준으로 행동하라'라는 사고방식을 서비스 근간에 두고 있다. 이러한 사고를 완벽하게 습득하면 매사에 우선해야 할 중요한 일이 분명해진다. 사원 개개인이 이러한 판단기준을 토대로 행동하면 클레임과 같이 예기치 못한 일이 일어나도 당황하지 않고 현명하게 대응할 수 있다.

항상 우선해야 할 중요한 일이 무엇인지 생각하라! 그러면 모든 일에서 빠르고 정확한 판단을 내릴 수 있다.

우선 날마다 약속이나 거래처 방문, 상담할 때 등등 다양한 일의 프로세스에 있어서 성과를 올리기 위해 우선해야 할 중요한 일이 무엇인가 염두하고 행동하라. 이는 당신의 잠재력을 발휘할 수 있는 기폭제가 되어 줄 것이다.

상황 판단력을 기르려면?

상황 사례

한 도자기 가게에서 고객이 상품을 깬 경우.

✗ 우선해야 할 중요한 일이 상품인 경우
걱정스런 표정을 지으며 "괜찮으십니까?"라고 물으면서도 상품에 먼저 손이 간다.

○ 우선해야 할 중요한 일이 고객인 경우
"다치신 데는 없습니까?"라고 고객의 안전을 확인한다.

해설

- 항상 고객을 소중하게 여기는 마음가짐을 가지면 갑작스런 사고에도 적절하게 대응할 수 있다.
- 평소부터 좀 더 우선해야 할 중요한 일이 무엇인가 생각하면서 행동하라.
- 판단 내리기 어려울 때에는 '상사라면 어떤 행동을 할까?' 생각해 보는 것도 하나의 판단기준이 된다.

6
발표하는 데 익숙해져라!

사람들 앞에서 말하는 것이 서투른 사람이 많다. 그러나 일을 하다 보면 조례나 회의, 미팅, 보고회 등 사람들 앞에서 말할 기회가 많다. 너무 떨려서 생각해 두었던 이야기를 반도 채 하지 못한 채 자리에 앉아버리는 사람도 있을 것이다. 그러나 누구나 연습하면 얼마든지 떨지 않고 이야기할 수 있다.

지금은 나도 사람들 앞에서 이야기하는 일을 하고 있지만 신입사원이었을 때에는 이렇게 많은 사람들 앞에서 이야기를 하게 되리라고는 꿈도 꾸지 못했다. 그 당시 상사가 진행하는 연수 세미나에 동행한 나는 '저렇게 많은 사람들 앞에서 당당하게 이야기를 하다니, 정말 대단하다'라고 생각했었다.

그러던 어느 날, 연수 담당자가 회사를 그만둔 후로 나의 인생은

완전히 달라졌다.

"다음 달부터 부산, 인천, 대구, 수원에서 세미나를 진행하게."

갑작스런 상사의 지시는 그야말로 청천벽력과도 같은 일이었다. 이미 일정이 짜여 있어서 빼도 박도 할 수 없는 상황이었다. 서둘러 화술 책을 사서 읽고 거울을 보며 말하는 연습을 시작했다. 연수가 있는 날까지 참고자료를 작성하고 이야기할 내용을 종이에 기록하거나 청중의 흥미를 끌기 위한 스토리를 생각하며 불안하고 긴장된 나날들을 보내고 있었다.

옆에서 그런 내 모습을 지켜보던 상사가 충고를 했다. 그때 건넨 말 한 마디가 지금도 강하게 뇌리에 남는다.

"나도 사람들 앞에서 이야기하면 떨린다네. 그걸 극복하기 위해서 되도록 다양한 일을 경험하고 많이 부딪쳐보는 걸세."

고객에게 항상 좋은 평가를 받고 있던 상사도 이런 불안감을 느끼고 있었던 것이다. '그렇다면 초보자인 내가 초조해 하는 건 너무도 당연한 일이야. 초조함을 날려버리려면 피하지 말고 일에 전념해야 돼'라며 마음을 진정시킬 수 있었다.

그리고 마침내 강연회 당일이 되었다. '내가 말을 제대로 하고 있기는 한 건가?' 하는 생각을 하며 문득 뒤를 돌아보니 상사가 '웃는 얼굴로!', '천천히!'라고 적은 종이를 내가 볼 수 있도록 양손으로 들고 있었다. '표정이 너무 굳어 있었구나. 말도 너무 빠르고.' 문제점을 알게 된 나는 표정을 밝게 하고 말하는 속도를 조절했다. 지금도 그 종이를 들고 있던 상사의 모습이 머릿속을 떠나지 않는다.

그랬던 내가 지금은 사람들 앞에서 이야기하는 것을 직업으로 하고 있으니 당신도 얼마든지 화술의 달인이 될 수 있다. 말을 잘 하려면 경험을 많이 쌓고 항상 도전해야 한다. 앞으로는 적극적으로 이야기할 기회를 만들라. 조례나 회의 혹은 일상생활에서도 사람들 앞에서 이야기할 기회가 생기면 적극적으로 부딪쳐보라.

갑자기 연설을 부탁받아도 난처하지 않으려면 3분 분량의 이야기를 할 수 있도록 이야기 소재를 몇 개 정도 가지고 있는 것도 좋을 것이다. 평소에 신문을 읽거나 사람들과 이야기는 하면서 재미있는 소재를 찾으려고 노력하면 신선한 정보를 많이 접할 수 있다.

또한 이야기를 잘 하려면 자신의 이야기를 녹음하거나 비디오로 녹화하여 보거나 거울을 보며 연습하는 것이 효과적이다. 객관적으로 자신을 보면 자신의 표정이나 말버릇을 파악할 수 있다. 특히 눈에 띄는 버릇이 있으면 듣는 사람들의 신경에도 거슬리므로 빨리 고쳐야 한다. 또한 달변가의 이야기하는 요령 등을 연구하여 참고하면 도움이 된다.

사람들 앞에서 말 할 때의 요령

○ 말하는 목적을 명확하게 전달한다

○ 다이나믹하게 이야기를 전개한다

○ 청중의 흥미를 유발하는 사례를 준비한다

○ 이미지가 선명해지도록 이야기한다

➡ 구체적인 묘사를 사용하여 이해하기 쉽게 설명한다.

예) '많이' – 수량으로 나타낼 수 있는 경우에는 수량으로 한다.
예) '고객을 늘리려고 노력하겠습니다.' – 무엇을 어떻게 하여 고객을 늘릴 것인가?

○ 클라이맥스 부분을 짜 넣어 간결하게 이야기를 전개한다

○ 감정을 담아 이야기한다

➡ 감정을 담거나 목소리에 억양을 준다. 표정을 풍부하게 담아 이야기하면 듣는 이도 쉽게 감정을 이입시킬 수 있다.

7
자신의 의견을 발표하라!

회사에는 여러 종류의 회의가 있다. 정기 회의나 임시 회의 등 각각의 회의에는 저마다 목적이 있고 화제가 되는 테마도 다르다. 대부분의 경우 자신이 발언할 기회보다는 전달 사항을 듣는 경우가 많을 것이다.

그렇다고 단순히 수동적인 자세로 회의에 참석한다면 회의 시간이 너무 아깝다는 생각이 든다. 1년 동안 회의하는 데 소비하는 시간을 환산하면 엄청난 양이 된다. 그러므로 회의 시간을 잘 활용하려면 자신의 의견을 발표하는 것이 중요하다. 예를 들어, 매달 개최되는 업무보고회의에서도 업무의 개선점을 제안하겠다는 자세로 참가하면 상사나 동료가 발표한 내용 중에서 좋은 내용을 발견할 수 있다. 이렇게 적극적으로 회의에 참가하면 의외로 쉽게 중요한

회의 전에 확인해야 할 사항!

- [ ] 회의의 종류와 특성을 파악하고 있는가?
- [ ] 참석할 회의가 정보전달을 위한 회의인가 확인한다(사내, 사외의 필요한 정보를 관계자에게 전달하기 위한 회의).
- [ ] 참석할 회의가 '문제 해결을 위한 회의'인지 확인한다(참가자가 아이디어를 제출하고 문제해결을 도모하는 회의).
- [ ] 회의가 시작되기 5분 전에는 자리에 앉는다.
- [ ] 회의를 개최하는 목적을 올바르게 이해하고 자신의 생각을 정리하여 참가한다.
- [ ] 자신의 의견을 적극적으로 발표한다.
- [ ] 다른 의견이 있는 경우에는 그 이유를 간단하게 설명한다.
- [ ] 반론이 제기되었을 때에는 상대의 의견을 끝까지 경청하고 감정적으로 대응하지 말고 이성적으로 자신의 의견을 주장한다.

정보를 수집할 수 있다.

　'내가 주인공이다'라는 의식을 가지고 회의에 참석하라. 회의실은 더 이상 다른 사람의 의견을 듣기만 하는 곳이 아니라 당신의 아이디어를 정리할 수 있는 훌륭한 자리가 될 것이다. 그러면 시간 낭비를 줄이고 얼마든지 생산적인 시간으로 활용할 수 있다.

8
'가르침의 고수'가 되어 일의 폭을 넓혀라!

웬만큼 경험이 쌓이면 후배를 가르칠 기회가 주어진다. 업무 내용을 이해하기 쉽게 전달하려면 우선 일의 전체상을 제시하고 핵심이 되는 업무를 설명하는 등 요점을 정확하게 전달해야 한다. 하나에서부터 열까지 일일이 설명해 주는 방법은 적합하지 않다.

또한 상대의 수준에 맞춰 이야기를 하는 것도 중요하다. 상대의 경험이나 지금껏 진행시켜 온 업무 내용을 토대로 그에 맞는 난이도로 설명해야 한다. 상대의 이해능력을 확인하려면 적절한 질문을 던지는 등 미리 질문할 내용을 정해 두는 것이 좋다.

또한 후배가 이해하지 못했다는 사실을 알게 되었을 경우에는 가르치는 방법에 문제가 있는 건 아닌지 돌이켜 보고 보충설명을 덧붙인다. 때로는 직접 시범을 보이는 등 상대가 이해하기 쉬운 방법을 시도한다.

이렇듯 가르치는 상대의 다양한 유형과 경향을 파악하다 보면 자신의 커뮤니케이션 능력도 높일 수 있다.

일을 가르치는 순서

❶ 준비를 한다
- 필요한 자료 등을 준비해 둔다.
- 가르칠 내용의 요점을 명확하게 파악해 둔다.
- 상대의 수준을 파악하여 수준에 맞춘 방법을 준비한다.

❷ 일의 목적과 전체상을 이야기한다
- 무엇을 위한 일인지 목적을 밝힌다.
- 일의 전체상을 설명하면서 현재의 일이 어느 공정에 해당하는지 이해시킨다.

❸ 시범을 보인다
- 일을 세분화하여 설명하고 시범을 보인다.
- 중요한 부분이나 틀리기 쉬운 부분은 강조한다.
- 상대가 이해하지 못한 부분은 질문을 받는다.

❹ 상대에게 직접 해 보도록 지시를 내린다
- 일을 세분화하여 설명하고 시범을 보인다.
- 중요한 부분이나 틀리기 쉬운 부분은 강조한다.
- 상대가 이해하지 못한 부분은 질문을 받는다.

❺ 칭찬한다
- 잘 해 냈으면 칭찬하여 의욕을 불러일으킨다.

9
많은 사람들과의 만남을 통해 시야를 넓혀라!

예전에 상사에게 이런 이야기를 들은 적이 있다. 상사가 인도에 갔을 때, 길가에서 일본 사람으로 보이는 여성이 앉아 물건을 팔고 있기에 말을 걸었다고 한다. 역시나 그녀는 일본인이었는데 인도 남자와 결혼해서 그곳으로 건너갔다고 한다.

"정말 행동력 하나는 끝내주지 않나? 못하는 일이 없어. 자네도 지금 있는 곳이 전부라고 생각하지 말고 시야를 넓히기 위해 어디든 좋으니 나가보게."

그때 상사의 말이 굉장히 인상에 남는다.

직장이라는 협소한 세계에 머물지 말고 회사 밖의 인맥을 만들며 시야를 넓혀라! 지금까지와는 전혀 다른 분야의 교류회도 좋고 흥미가 끌리는 비즈니스 세미나에 참가하는 것도 좋다. 다양한 직종의 사람들을 만나고 자신의 일을 객관적으로 보는 것은 지금까지 고집해 왔던 당신의 단편적인 시점을 바꿀 수 있는 계기가 될 것이다.

되도록 다양한 직종의 사람들과 세대를 넘는 교제를 나누다 보면 더 많은 비즈니스 기회를 잡을 수 있다.

예전에는 나도 자주 다른 분야의 사람들과 모임을 가졌는데 어느 날 아직 이름이 알려지지 않은 여성 경제 저널리스트가 초빙되었다. 이 모임에는 잡지 편집장들도 참가했는데 그녀는 많은 참가자와 명함을 주고받으며 적극적으로 정보를 교환했다. 그 후로도 그녀는 정열적으로 인맥을 넓히려고 애썼다. 그 덕에 지금은 비즈니스 잡지에 경제 칼럼을 연재하고 있는 유명 인사가 되었다.

이렇게 다양한 모임에 참가하고 용기를 내어 명함을 주고받거나 앞면이 있는 사람에게는 나중에 편지를 보내는 습관을 들이면 나중에라도 서로에게 정보를 교환하는 유익한 관계를 구축할 수 있다.

사람이 평생 알고 지내는 사람의 수에는 한계가 있다. 좁은 인간관계 속에서 살아갈 것인가, 아니면 인맥을 넓혀 풍요로운 인생을 살아갈 것인가는 당신의 선택에 달려있다.

인맥을 넓혀라!

O 행동한다
연구회, 연수회, 세미나, 이업종 교류회, 또는 이러한 모임을 직접 기획하는 것도 좋다.

O 명함을 주고받으며 이야기를 나눈다
적극적으로 여러 사람들과 명함을 주고받으며 이야기를 건넨다. 이야기하는 것이 서투른 사람은 질문을 던져보자.

O 상대에게도 긍정적으로 도움이 될 수 있도록 배려한다
상대에게 의미 있는 이야기를 하는 등, 상대에게도 긍정적으로 도움이 될 만한 정보를 제공하여 신뢰관계를 구축한다. 모임이 끝나도 원만한 관계를 유지한다면 당신에게 중요한 비즈니스 정보를 제공해 줄 든든한 아군이 되어 줄 것이다.

10
실패를 통해
새로운 방법을 모색하라!

누구나 실패를 하며 살아간다. 물론 나도 수없이 많은 실패를 거듭하며 살아왔다.

지금도 생각하면 간담이 서늘해지는 실패담이 있다. 회사에 입사한 지 얼마 되지 않아 자료를 조사하기 위해 지방으로 출장 갔을 때의 일이다. '상품력 조사'라고 하여 매장의 진열된 상품을 조사하고 그 상황을 테이프에 녹음하는 것이 주된 업무였다.

2박 3일의 일정이 끝나고 사무실에서 테이프를 재생시켰는데 녹음한 소리가 너무 작아서 무슨 내용인지 하나도 알아들을 수가 없었다. 결국 상사가 지사 직원에게 부탁하여 조사를 마칠 수 있었지만 그에게 큰 민폐를 끼치고 말았다.

정말이지 두 번 다시 떠올리기도 싫은 경험이었다.

그러나 실패는 후회하는 것으로 끝나면 실패일 뿐이지만 다음번에는 다른 방법을 시도해 보겠다고 마음먹는 순간 더 이상 실패가 아니다. 명심하라! 중요한 것은 실패를 교훈으로 삼아 새로운 방법을 모색하는 것이다.

발명왕 에디슨도 수없이 많은 실패를 거듭했다. 그러나 결코 실패라는 단어를 입 밖으로 내지 않았다고 한다. "이 방법도 아니야"라고 말하며 새로운 실험을 거듭했다. 이렇게 본인 스스로가 실패라고 생각하지 않으면 실패가 아닌 것이다.

나도 조사에서 실패한 뒤로는 매장 조사를 할 때에는 매장을 나올 때 테이프에 목소리가 제대로 녹음되어 있는지 확인하게 되었다. 사소한 일이지만 하나의 경험으로 일을 확실하게 처리하는 방법을 배울 수 있었다. 실패했다면 그 실패에서 배우고 방법을 바꾸면 된다는 긍정적인 사고방식으로 자신의 벽을 극복하자!

기록 남기기

자신의 성장 기록을 남기자!

과거에 일어난 사건이 당신을 어떻게 성장시켰는지 적어보자.

과거의 사건	지금의 나

고민거리나 문제는 자신을 어떻게 성장시키기 위해 일어난 것인가 돌이켜 보자.

고민거리나 문제	그것을 통해 무엇을 배웠는가?

11
자신의 능력을 적극적으로 펼쳐라!

인간은 자신을 다른 사람과 비교하며 자신의 가치를 결정해 버리는 경향이 있다.

다른 사람과 비교하면 남의 떡이 더 커 보이는 법이다. 상대가 자기보다 좋은 환경에 있는 것 같고 마냥 즐거워 보이기도 한다. 반대로 자기가 더 좋은 환경에 있다고 생각되면 안도한 나머지 향상심을 잃는 경우도 있다.

다른 사람과 자신을 비교하여 자신의 자치를 결정해 버리면 자신감을 상실하기 쉽고 설사 자신감을 얻더라도 이는 진정한 자신감이 아니다. 자신의 능력을 스스로 인정하기 못하기 때문이다. 그렇게 되면 상사나 동료의 사소한 말 한 마디에 쉽게 동요되고 감정이 격양되기도 한다.

마음의 평정을 찾기 위해서도 자신의 인생을 돌아보고 어떤 일에 자신을 활용할 것인지 계획을 세워보자. 장기적인 시점으로 계획을 세우면 눈앞의 평가에 일노일소(一怒一笑)하는 일은 없어질 것이다.
　다른 사람과 자신의 상황을 비교하지 말고 자신만이 할 수 있는 일을 찾아 자신의 장점을 한층 발전시켜 꼭 필요한 존재가 되라!
　신입사원은 옆에 있으면 도움이 되지만 없다고 해서 아쉬울 만큼 대단한 존재는 아니다. 단순한 작업을 지시할 때는 '○○가 없으면 ××에게 부탁하지 뭐'라는 식으로 다른 사람에게 부탁하면 그만이다.
　그러나 지금부터는 "이 일은 꼭 자네가 있어야 하네"라는 말을 들을 수 있는 분야를 개척해야 한다. 최고보다는 유일한 존재가 되어라. 당신의 특기와 장점이 무엇인가? 지금 바로 종이에 적어보자.

5

회사의 대표라는 의식을 가지고 예의바르게 행동하라!

비즈니스 매너를 철저하게 지키는 방법

1
기본적인 비즈니스 매너를 습득하라!

비즈니스 매너는 업무 상대와의 긴밀한 신뢰관계를 구축하기 위해 반드시 익혀야 한다. 일은 많은 사람들과 협력하며 진행시켜 나아가야 하는 것인 만큼 반드시 행동가지, 전화 매너, 클레임 대응 등 비즈니스 매너의 기본 사항을 확실하게 마스터해야 한다. 그러면 거래처나 고객은 물론이고 함께 일하는 동료에게도 소중한 비즈니스 파트너로 인정받을 수 있을 것이다.

상대는 당신을 'OO 회사'의 대표로 생각한다. 이른바 당신은 회사의 간판 역할을 하고 있는 것이다. 이번 장에서는 약속 시간을 지키고 사회인으로서 적합한 어투를 익히는 등 비즈니스맨으로서 습득해야 할 상식에 대해서도 설명할 것이므로 참고하길 바란다.

다시 한 번 말하지만 당신의 행동은 회사의 신용을 좌우한다. 올바른 비즈니스 매너를 익혀 회사를 대표하는 사람으로서 그에 걸맞은 행동을 하라!

2
깔끔한 외모로 호감도를 높여라!

어느 날 뉴스를 보니 한 미국 연구가가 '외모의 차이가 평생 지게 될 빚에 큰 영향을 미친다'라는 연구논문을 발표했다고 한다. 외관이란, 그 사람의 얼굴 생김새나 몸가짐, 행동 등 겉으로 드러난 이미지의 집합체를 말한다.

실제로도 호감도는 일을 성사시키는 데 중요한 작용을 한다. 당당한 사회인이 되는 첫 걸음은 상대에게 신뢰감을 줄 수 있는 외관을 갖추는 것이라도 해도 과언이 아닐 것이다.

상대에게 호감을 주는 외모를 갖추는 첫걸음은 몸가짐을 올바르게 하는 것이다. 아직 신입사원일 때, 상사에게 이런 충고를 들은 적이 있다.

"아직은 돈이 없을 테니 비싼 걸 사라고 강요하지는 않겠네. 저렴

한 거라도 좋으니 되도록 새 양복을 입고 다니게. 그리고 돈이 생기면 질이 좋은 양복으로 사 입게나."

상대에게 신뢰를 주고 싶은가? 그렇다면 우선 몸가짐을 단정히 하여 좋은 첫인상을 심어줘라!

3
때와 장소에 걸맞은 비즈니스 단어를 구사하라!

예전에 함께 일하던 사람 중에 말끝마다 "정말?" 하고 되묻는 습관을 가진 사람이 있었다. 나를 믿지 못하는 것 같아 상당히 귀에 거슬렸다. 비즈니스를 할 때에는 이런 말투는 반드시 피해야 한다.

물론 하루아침에 깍듯하게 존댓말을 쓰거나 비즈니스에 적합한 단어를 사용할 수 있는 것은 아니다. 조급하게 생각하지 말고 비즈니스 장면에 어울리는 단어를 배우고 매일 일을 할 때 적극적으로 활용하라. 우선은 거래처나 고객에게 "잘 알겠습니다", "죄송합니다만"라는 단어가 입에 베어 자신도 모르게 술술 나올 때까지 훈련에 훈련을 거듭하라.

사람과 회사를 지칭하는 방법

'상사'를 지칭하는 방법

- 사내에서 상사를 부를 경우 …… '과장님' *
  직함을 부르는 것은 기본이다.
- 고객에게 상사에 대한 이야기를 할 경우
  회사를 방문한 경우 …… '우리 ○○과장'

'회사'를 지칭하는 방법

- 자사를 지칭할 경우 …… '당사', '우리 회사'
- 상대의 회사를 지칭할 경우 …… '귀사', '그쪽'

관용구를 익혀라!

상사에게 말할 경우

- '알겠습니다.' …… 상사가 대답 또는 이해했는지 확인을 요구할 때
- '어떻습니까?' …… 상사에게 대답을 요구하거나 이해했는지를 확인하고자 할 때
- '말씀 중에 실례하겠습니다.' …… 상사에게 긴급사항을 전달할 때
- '죄송합니다. 앞으로는 조심하겠습니다.' …… 주의를 받았을 때

등

방문한 고객을 응대할 경우

- '바쁘실 텐데 와주셔서 감사합니다.' …… 첫 인사
- '편히 드십시오.' …… 차를 내올 때
- '오늘 이렇게 먼 곳까지 발걸음 해 주셔서 감사했습니다.' ……
  고객이 돌아갈 때

거래처를 방문했을 경우

- '오늘 시간 내주셔서 감사합니다.' …… 담당자가 나타났을 때
- '이쯤해서 실례하겠습니다. 오늘 정말 감사했습니다.' …… 현관 앞에서 배웅 받을 때(현관문은 나서기 전에)

호감도를 높이는 관용어

쿠션 단어
상대에게 부담을 주거나 기대에 응할 수 없을 때 사용한다.

'죄송합니다만.', '실례합니다만', '폐를 끼쳐 죄송합니다만', '미안합니다만', '일부러 와주셔서 감사합니다.'

사회인으로 적합한 단어

'나' → '저', '오늘' → '금일', '지난 번' → '일전에', '방금' → '조금 전에', '이번에' → '금번에', '지금' → '현재'

4
전화를 받을 때에는 밝은 목소리로 신속하게!

업무상의 전화는 처음 듣는 고객의 이름을 잘못 알아듣거나 담당자를 제대로 파악하지 못하면 낭패를 보기 십상이다.

그래서 익숙해지기 전까지는 전화 받기가 두렵다고 말하는 신입사원들이 이외로 많다. 그러나 그러한 두려움을 극복하려면 직접 부딪쳐 보는 수밖에 없다. 방법은 하나다. 전화를 많이 받아 익숙해져야 한다.

한 회사의 비서는 전화를 하도 많이 받다보니 만난 적이 없는 고객의 이름과 목소리도 기억한다고 한다. 그리고 상대가 이름을 밝히기도 전에 "○○사장님, 그 동안 안녕하셨어요?"라고 인사를 하여 고객들 사이에 평판이 자자하다. 그 덕에 상사에게도 칭찬을 받았다고 한다. 그 후 그녀는 더욱 자신감을 가지고 전화를 받을 수 있게 되었다.

이렇듯 전화를 받는 사소한 일 하나에도 마음을 담아서 하면 상대를 기쁘게 할 수 있다. 자신의 가치를 높일 수 있는 것은 두말할 것도 없고 말이다. 전화로도 얼마든지 행운을 잡을 수 있다. 또 전화를 받는 당신의 밝은 목소리로 상대에게도 행운을 줄 수 있다.

전화를 거는 방법

이것이 포인트!

- 점심식사 시간이나 한창 일하는 시간 등 바쁜 시간대를 피하라!
- 상대에게 "지금 통화하기 괜찮으십니까?"라며 상대의 상황을 확인하라!
- 전화를 걸기 전에 미리 용건을 정리하고 자료가 있으면 준비해 둔다.

전화를 거는 순서

(1) 이름을 밝힌다: "○○ 회사의 ××입니다."

(2) 인사를 건넨다: "그 동안 안녕하셨어요? 항상 깊은 관심에 감사드립니다."

(3) 용건을 간단하게 전달한다: "○○씨 계십니까?", "×× 건으

로 전화 드렸는데 지금 통화하기 괜찮으십니까?"
(4) 내용의 요점을 다시 말하여 용건이 제대로 전달되었는지 확인한다: "그럼, ~~하면 되니 잘 부탁드립니다."
(5) 끝인사를 한다: "그럼 잘 부탁드립니다.", "실례하겠습니다."

기본적으로는 전화를 건 사람이 먼저 끊는 것이 원칙이지만 고객이 전화를 걸어왔을 때에는 상대가 전화를 끊은 것을 확인한 후에 수화기를 내려놓는다. 어떠한 경우에든 바로 수화기를 내려놓으면 상대에게 실례가 되므로 여유를 두고 끊도록 하자.

전화를 받는 방법
이것이 포인트!

- 벨이 세 번 울리기 전에 받는다. 세 번 울린 다음에 전화를 받았을 경우에는 "죄송합니다"라고 한마디 덧붙인다.
- 용건을 들으며 메모한다. 메모에는 날짜, 시간, 용건, 담당자, 상대의 이름, 전화 받은 사람의 이름을 기입한다.

전화를 받는 순서
(1) 이름을 밝힌다: "네. ○○입니다."
(2) 인사를 건넨다: "○○ 씨, 그 동안 안녕하셨어요? 항상 깊은

관심에 감사드립니다."
(3) 담당자와 용건을 확인한다. 이 때 동시에 메모를 한다: "오늘 약속이 있으시군요."
(4) 용건을 확인한다: "만일의 경우를 대비해서 다시 한 번 들은 내용을 확인하겠습니다."
(5) 끝인사를 한다: "저는 ○○였습니다. 그럼 실례하겠습니다." 고객이 전화를 끊은 것을 확인한 후에 조용히 수화기를 내려 놓는다.

담당자가 부재중인 경우에 전화를 받는 방법

(1) 이름을 밝힌다: "네, ○○입니다."
(2) 담당자가 부재중임을 알린다: "죄송합니다만 ○○는 지금 외근 중입니다."
(3) 정보를 전달한다: "2시 넘어서는 돌아올 것 같습니다."
(5) 상대의 의향을 묻는다: "괜찮으시면 용건을 말씀해 주십시오.", "급하신 일이라면 연락이 되는 대로 전화를 드리라고 전하겠습니다."
(6) 경우에 따라 응대한다
- ● 이쪽에서 전화를 걸겠다고 말한 경우
  - 몇 시 쯤 전화를 받을 수 있는지와, 이름, 전화번호를 확인한다.
- ● 전화해 달라는 부탁을 받은 경우

- 이름과 전화번호를 확인한다.
- **담당자에게 전달해 달라는 부탁을 받은 경우**
　　- 용건과 이름, 전화번호를 확인하여 메모한다.

(7) 용건을 확인한다: "그럼 ~~하라는 말씀이시죠?"
(8) 끝인사를 한다: "○○가 돌아오면 반드시 전달해 드리겠습니다. 저는 ○○였습니다."

회사까지 오는 길을 안내하는 방법

(1) 이름을 밝힌다: "네, ○○입니다."
(2) 인사를 건넨다: "그 동안 안녕하셨어요? 항상 깊은 관심에 감사드립니다."
(3) 장소를 확인한다: "죄송하지만 지금 계신 곳이 어디십니까?"
(4) 교통수단을 확인한다: "차로 오실 겁니까? 아니면 전철로 오실 건가요?"
(5) 건물이나 지명을 정확하게 전달한다
- 가장 가까운 역(전철을 이용하는 경우)이나 도로명(자동차를 이용하는 경우)을 전달한다.
- 출구나 건물을 뒤로 오른쪽인지 왼쪽인지 전달한다.
  "○○ 역 개찰구를 뒤로 오른쪽으로 돌면 됩니다."
- 소요시간과 거리를 전달한다.

"5분 정도 걸어오시면 오른쪽에 전면 유리로 된 건물이 있습니다."

- 자사의 특징을 말한다.

  "전면 유리로 된 'ㅁㅁ빌딩'이라는 6층짜리 건물이 있는데, 그 건물 4층입니다."

(6) 끝인사를 한다: "저는 ○○였습니다. 기다리고 있겠습니다. 그럼 실례하겠습니다."

"네, OO입니다."

- 밝은 목소리로 인사하는 연습을 하라!
- 평소보다 '천천히', '분명하게' 말하라!
- 웃는 얼굴로 밝은 목소리로 대답하라!
- 신속하게 대응하라!

5
명함을 주고받을 때에는
항상 웃는 얼굴로 좋은 인상을 심어줘라!

처음 만난 사람과는 명함을 주고받는데 이는 교제를 시작하는 첫 걸음이므로 좋은 이미지를 심어주는 것이 중요하다. 명함을 주고받을 때에는 몇 가지 주의할 사항을 기억해 두면 편리하다.

타사를 방문했을 경우, 담당자가 있으면 반드시 일어서서 명함을 주고받는다. 먼저 상대에게 다가가 명함을 건넨다. 이 때 결코 책상이나 테이블을 사이에 두고 건네서는 안 된다.

명함을 건넬 때에는 상대의 눈을 보며 미소를 짓는다. 당신이 상대에게 각인시켜야 하는 것은 단순이 당신의 이름이 적혀있는 명함이 아니라 바로 당신 자신이다. 웃는 얼굴로 좋은 이미지를 심어줘야 한다. 명함을 받을 때에는 명함을 확인한 후에 상대의 눈을 보며 미소로 화답한다.

  또한 명함을 받으면 잊어버리지 않도록 명함에 만난 날짜와 장소, 용건 등을 앞면에 기입해 둔다. 보관해 둘 때, 앞면을 보면 언제 만났는지 바로 알 수 있어 편리하다. 단, 인물의 특징이나 그 밖에 상대에게 보여서는 안 되는 정보는 명함 뒷면을 활용하라.

  명함은 정기적으로 정리하는 것이 좋은데 명함폴더 등에 넣어 보관하는 사람은 반년에 한 번 정도는 폴더를 체크하고 더 이상 만날 일이 없는 사람의 명함은 과감히 버려라. 대신 항상 적극적으로 인맥을 개척해야 한다.

Column.
상대는 두 명인데 당신에게는 명함이 한 장 밖에 없다면?

사회생활을 시작한 지 얼마 되지 않았을 때, 아이스크림 업계를 취재하는 업무를 맡게 되었다.

당시에는 호황을 누리던 때라 아이스크림 업계도 경기가 꽤 좋아서 매스컴에 실리는 기업과 사장이 많았다.

취재 첫날 산뜩 부푼 가슴을 안고 찾아간 기업에서 "미안합니다. 공교롭게도 명함을 다 써버렸군요"라며 껌을 짝짝 씹으며 취재에 응한 사장 탓에 '신입사원이라고 무시하는 구나' 라는 느낌을 받았다.

마지막으로 대기업 아이스크림 회사를 취재하는데 이번에는 사장이 비서와 함께 나타났다. 명함을 주고받으려고 명함케이스를 열어보니 명함이 한 장밖에 없는 것이 아닌가? 아무리 생각해도 남은 한 장은 사장에게 건네야 할 것 같았다.

우선 사장과 명함을 주고받은 후 미처 여분의 명함을 준비하지 못한 것에 대해 솔직하게 말하려 하는데 때마침 사장이 비서에게 말했다. "자네는 명함만 드리게. 저 분 명함은 내가 이미 받았으니 말일세."

나의 난처한 사정을 마치 알고 배려해주는 것 같아서 마음속으로 깊이 감사를 드렸다. 그는 취재를 하는 동안에도 성심성의껏 대답해 주었다. 진정으로 훌륭한 사람이 되려면 자신에게 아무런 도움이 되지 않는 사람에게도 깍듯하게 대해 줘야 한다는 것을 배운 좋은 경험이었다.

어느 더운 여름날의 일은 지금도 기억 한편에 생생하게 남아 있다.

6
모든 고객을 소중하게 생각하라!

처음 방문한 고객을 어떻게 대하는가에 따라 회사의 첫인상이 크게 좌우된다. 특히 고객이 방문했을 때 가장 먼저 접하는 접수대에서 어떻게 대응하는가는 매우 중요하다. 여러 회사를 방문하다 보면 직접 담당자를 불러낼 수 있도록 접수대에 내선전화를 설치해 두는 곳이 많다.

고객이 내선전화를 걸어 담당자를 불러내는 것을 보고도 무심하게 지나쳐가는 사원들이 많은데 이는 좋은 인상을 주기 어렵다.

그들에게는 '내 고객이 아니니 관심 없다'라는 의식이 깔려있기 때문이다. 자신의 소중한 고객이 다른 사원들에게 함부로 취급받는다면 기분이 어떻겠는가?

반대로 "어서 오십시오. 어느 분을 찾으십니까? 약속은 하셨습니까?"라고 상냥하게 말을 걸어오는 사원이 있는 회사도 있다. 당신이라면 어느 회사에 호감을 갖겠는가?

모든 고객이 자신의 고객이라는 마음가짐을 가져라. 이는 고객을 응대하기 위한 기본 중에서도 가장 기본이다. 지금부터라도 늦지 않았다. 모든 고객에게 마음을 담아 인사를 건네는 작은 일부터 시작해 보자.

구체적인 고객 응대 방법에 대해 설명하자면 주된 흐름은 다음과 같다.

(1) 마중을 나간다.
(2) 접견실로 안내를 한다.
(3) 접견실로 모시고 들어간다.
(4) 차를 대접한다.
(5) 배웅을 한다.

그러면 각각의 응대방법에 대해 좀 더 자세하게 살펴보자.

(1) 마중을 나간다

미리 약속이 되어 있는 경우에는 마중을 나가 웃는 얼굴로 "어서 오세요. ○○ 사의 ○○ 씨죠? 기다리고 있었습니다"라고 인사를 건넨다. "기다리고 있었습니다"라는 말을 덧붙이면 호감도를 높일 수 있다.

약속이 되어 있지 않은 경우라도 이미 교류가 이루어지고 있는 고객이라면 "무슨 용건으로 오셨습니까?"라고 용건을 묻는다.

담당자가 부재중일 때에는 "죄송합니다. ○○는 지금 외근 중인데 4시 넘어서야 돌아올 것 같습니다"라고 부재의 이유 등을 전달한다.

끝으로 "힘들게 시간 내서 오셨는데, 이거 죄송합니다"라고 유감스러운 마음을 전달하며 배웅한다.

(2) 접견실로 안내를 한다

고객에게 웃는 얼굴로 인사를 한다.

"오래 기다리셨죠? 그럼 접견실로 안내해 드리겠습니다."

인사를 한 후에는 고객보다 두세 발 앞서 걸으며 안내할 방향을 손바닥으로 가리킨다.

계단을 이용할 때에는 "접견실은 2층에 있습니다"라는 식으로 설명하며 고객보다 두세 단 앞서 걸어간다. 일반적으로 계단을 이용할 때는 2층을 넘지 않도록 한다.

(3) 접견실로 모시고 들어간다

접견실 앞에 도착하면 멈춰 서서 "이쪽입니다"라고 말한다.

접견실 안으로 들어갈 때에는 문을 두세 번 두드린다. 밖으로 열리는 문은 문고리가 있는 방향의 반대쪽 손으로 바깥쪽에 서서 열고 안으로 열리는 문은 안쪽 문고리를 잡고 먼저 접견실로 들어가

| 자리에 앉을 때의 매너 |

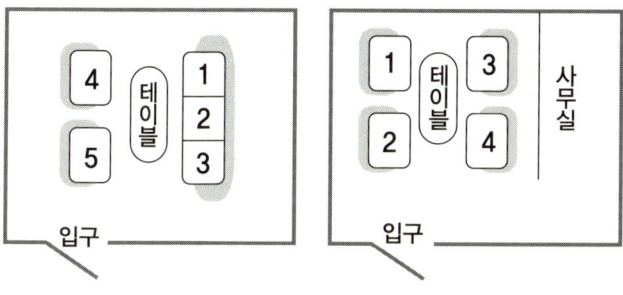

고객이 들어갈 수 있도록 기다린다.

"자, 이쪽에 앉아서 기다려 주십시오"라고 손바닥으로 문에서 가장 먼 좌석(상석)을 가리킨다. "잠시만 기다려주십시오"라고 말한 뒤 접견실을 나간다.

(4) 차를 대접한다

고객에게 차를 대접할 때에는 순서에 주의한다. 기본적으로는 상석에 앉아 있는 사람부터 차를 대접한다.

(5) 배웅을 한다

"고마웠습니다"라고 말하며 방문해 준 것에 대한 감사의 마음을 전달한다. 고객의 모습이 보이지 않을 때까지 배웅한다.

고객이 차를 타고 돌아갈 경우에는 차가 보이지 않을 때까지 배웅하는 것이 기본이다.

또한 엘리베이터까지 배웅을 할 때에는 문이 닫힐 때까지 고개를 숙여 인사한다. 엘리베이터가 작동하는 것을 확인할 때까지는 일체 잡담을 삼간다.

차를 대접할 때의 매너

❶ 접견실로 들어간다

문을 두드리며 "실례하겠습니다"라고 인사를 하며 들어간다.

❷ 찻잔과 찻잔 받침을 세팅한다

쟁반을 가슴 높이로 든다. 차를 대접할 때에는 쟁반을 옆 테이블에 올려놓는다.

❸ 상석에 앉은 고객부터 차례로 대접한다

고객의 오른 쪽에서 다소곳이 양손을 모아 찻잔을 내려놓는다. 찻잔 무늬를 고객이 볼 수 있도록 정면에 놓는다.

❹ 접견실을 나간다

쟁반은 왼쪽 옆구리에 끼고 오른손으로 그 밑을 받치며 "실례했습니다"라고 말하며 나간다.

7
거래처를 방문할 때 지켜야 할 7가지 기본 원칙

거래처를 방문할 때에는 자신이 '회사의 대표'라는 인식을 가져야 한다. 상대는 당신을 보고 당신의 회사를 평가할 것이다. 잠에서 깨어 부스스한 머리를 단정하게 빗지도 않고 가거나 약속 시간을 어기면 회사의 신용은 떨어지기 마련이다. 항상 회사의 대표라는 의식을 갖고 방문하도록 하자.

(1) 사전 준비

- 옷매무새를 체크한다 … 옷이나 신발은 깨끗한가?
- 지참할 물건을 확인한다 … 필기도구, 수첩, 명함, 거래처의 연락처, 자료 등
- 방문할 거래처에 관한 정보를 수집한다 … 사업 내용, 규모,

거래 현황 등
- 교통수단을 조사한다 … 방문지의 소재지, 교통수단, 소요시간을 조사한다. 여유를 가지고 15분 전에는 도착할 수 있도록 한다.

(2) 시간약속을 지켜라!

만에 하나라도 약속 시간에 늦을 것 같으면 미리 연락을 취한다. 여유를 가지고 조금 일찍 도착하는 것이 좋지만 너무 빨리 찾아가면 상대의 스케줄에 지장을 줄 수 있으므로 약속 시간 5분 전에 방문하는 것이 적합하다.

(3) 거래처 문 앞에서 확인할 사항

거래처에 들어가기 전에 옷매무새를 확인한다. 코드 등 겉옷은 반드시 벗는다. 단, 로비가 있는 건물인 경우에는 로비에서 벗어도 된다.

(4) 접수할 때의 행동

접수할 때는 이름, 담당자, 약속 시간을 밝힌다.
"○○ 상사의 ××입니다. 오늘 △△ 씨와 3시에 만나기로 약속이 되어 있습니다."

(5) 접견실로 안내 받은 다음의 행동

"고맙습니다"라고 인사를 하고 접견실로 들어간다. 상대가 권하면 의자에 앉아 기다린다. 권하지 않은 경우에는 하석에 앉아 기다린다. 담당자가 나타나면 바로 일어나서 인사말을 건넨다. 가방은 의자 위에 두지 말고 발 옆에 둔다. 코트는 바깥쪽을 안으로 접어 소파 한 쪽에 올려둔다.

(6) 차를 대접받았을 때 취해야 하는 행동

차를 대접받으면 "고맙습니다"라고 말한다. 바로 마시지 말고 상대가 권하면 "잘 마시겠습니다"라고 말하고 마신다.

(7) 돌아갈 때에도 똑바로 인사하라!

"오늘 바쁘신데 시간 내주셔서 감사합니다"라고 인사한다. 접견실을 나오면 상대가 배웅 나온 자리에서 다시 한 번 머리를 숙여 인사를 한다. 그리고 겉옷은 그 자리에서 입지 말고 로비나 밖으로 나온 뒤에 입는다.

거래처를 방문할 때, 이것만은 지켜라!

- ☐ 회사에 들어가기 전에 옷매무새를 확인한다.
- ☐ 접수대에서는 이름, 담당자명, 약속 시간을 밝힌다.
- ☐ 접견실로 안내받은 다음에는 "감사합니다"라고 인사를 한다.
- ☐ 상대가 권한 의자에 앉아 기다린다.
- ☐ 앉으라고 안 권한 경우에는 하석에 앉아 기다린다.
- ☐ 차를 대접받으면 "고맙습니다"라고 답례를 한다.
- ☐ 상대가 차를 권하면 "잘 마시겠습니다"라고 말한 다음 조용히 마신다.
- ☐ 돌아갈 때에도 확실하게 인사를 한다.
- ☐ 상대가 배웅 나온 자리에서 다시 한 번 머리를 숙여 인사를 한다.

8
클레임에 유연하게 대응하라

고객을 상대로 하는 일에는 본의 아니게 클레임이 생기기 마련이다.

나는 지금도 처음 클레임에 대응하던 때가 생생하게 기억난다. 고객은 전화로 불같이 화를 냈고, 그 기세에 눌려 나는 아무 말도 하지 못했다.

그 당시에는 클레임에 대한 지식도 전혀 없었기 때문에 그저 한시라도 빨리 그 자리를 피하고 싶다는 생각뿐이었다. 하지만 운 좋게 그 상황에서 도망쳐 나올 수 있다고 해도 근본적인 문제는 그대로 남아있다. 어디 그 뿐인가? 사태는 점점 더 악화되어 나중에는 걷잡을 수 없게 된다. 그러한 사실을 깨달은 후에는 클레임에 대응하기 위해 관련 서적을 읽거나 선배에게 가르침을 받는 등 고객의 불만에 귀를 기울이게 되었다.

실제로 소매점이나 레스토랑에서 클레임을 제기하는 고객은 전체의 4퍼센트라는 통계자료가 있다. 그 외의 고객은 불만이 있어도 아무 말도 하지 않은 채 다른 매장을 찾거나 두 번 다시는 발걸음을 하지 않는다고 한다.

클레임을 제기하는 고객은 불만을 느끼는 고객들의 아주 극소수에 불가하다. 이들은 클레임을 제기함으로써 '왜 불쾌한 생각이 들었는가?'를 일부러 가르쳐 주는 고마운 존재이다. 판매자가 깨닫지 못하는 개선점을 소비자가 시사해 주는 것이므로 성의를 다해 대응해야 한다.

예전에 한 백화점 부장이 수첩을 보여주었다. 거기에는 고객명과 '햄', '안경', '김' 등 상품명이 적혀 있었다. "이게 뭡니까?"라고 묻자, "이것들은 지금까지 이 상품으로 클레임을 제기한 사람들입니다. 지금은 아주 소중한 고객들이죠. 의문사항이 있으면 이 고객들에게 물어본답니다. 뭐든 잘 가르쳐주거든요"라고 대답했다.

이렇게 클레임을 새로운 기회로 생각하고 진심으로 대응하면 소중한 고정 고객을 확보할 수 있다. 당신도 반드시 적극적으로 클레임에 대응하기 바란다.

매장에서 제기된 클레임에 대한 대응

(1) 우선 고객에게 문제점을 지적해 준 것에 대한 감사의 마음을 전달한다.

(2) 고객의 이야기를 끝까지 듣는다.
(3) 확인하고 싶은 사항이나 설명해야 할 점이 있으면 차분하게 전달한다.
(4) 대응방법을 설명한다.
(5) 지금까지의 대응으로 고객을 이해시키지 못한 경우에는 삼변법(三變法)으로 대응한다.
 - 담당자를 바꾼다(담당자가 설명을 했음에도 상대를 이해시키지 못한 경우, 상사가 대응한다).
 - 장소를 바꾼다(커피숍 등 장소를 바꿔 고객의 기분을 가라앉힌다).
 - 시간을 바꾼다(냉각기간을 둔다. 그 날은 일단 한 발 물러서고 나중에 다시 대응한다).
(6) 고객이 만족할 수 있도록 신속하게 대응한다.
(7) 클레임이 제시된 당일, 바로 친필로 사과장을 보낸다.
(8) 다시 만날 때에는 지난번의 실수를 정중하게 사과한다.

전화 클레임에 대한 대응

전화로는 상대에게 표정을 보여줄 수 없고 목소리로는 죄송한 마음을 전달하기에 한계가 있다. 되도록 고객을 찾아가 직접 이야기를 듣는 것이 신속하게 클레임에 대처하는 요령이다.

그래도 상황이 여의치 않은 경우에는 다음과 같이 대응한다.

(1) 고객의 이야기를 끝까지 듣는다.

⑵ 마음을 담아 사과한다.

⑶ 전화를 여기저기 돌리지 말고 바로 담당자를 바꾼다.

⑷ 담당자가 부재중일 때에는 담당자가 돌아온 후에 고객에게 다시 전화를 건다.

⑸ 대처방법을 설명한다.

⑹ 고객의 상황을 확인한 후에 직접 찾아가 사과한다.

동일한 클레임이 발생하지 않도록 주의하라!

클레임이 발생한 근본적인 원인을 분석하고 앞으로는 클레임이 발생하지 않도록 사전에 대처법을 강구한다.

9
감사장은 바로바로 보내라!

최근에는 통신수단이 발달하여 커뮤니케이션 수단으로 전화, 휴대전화, 이메일 등이 사용되고 있다.

한편 편지나 엽서는 좀 번거롭기는 하지만 받는 사람에게 전화나 이메일보다 큰 기쁨을 줄 수 있다. 특히 직접 쓴 편지는 보낸 사람의 정성이 느껴져 워드로 친 것보다 보낸 사람의 마음을 훨씬 잘 전달할 수 있다.

한 회사의 총무부 직원은 평소에 얼굴을 마주할 기회가 없는 사원들의 급여명세서에 "○○씨, 이번 달에도 수고 많으셨습니다. 다음 달에는 기다리고 기다리던 야유회가 기다리고 있습니다. 꼭 참석하여 자리를 빛내주십시오"라고 편지를 덧붙였다고 한다.

사원들은 그녀에게 편지를 받는 것을 매우 즐거워하며 그녀에게 친근함을 가지게 되었다고 한다. 아무리 사소한 한 마디라도 직접 쓴 메시지는 사람의 마음을 동요시킨다.

출장지에서 도움을 받은 사람에게 감사하는 마음을 담아 편지나 엽서를 보내자. 또 명함을 주고받은 사람에게 안부편지를 보내보는 건 어떨까?

비즈니스 서신을 쓸 때에는 일정한 형식이 있지만 너무 어렵게 생각하지 말고 상대에게 실례가 되지 않는 한도 내에서 진솔하게

엽서의 기본구성

첫인사	신록의 계절, 더욱더 번창하시길 빕니다.
하고 싶은 말	일전에 귀사를 방문했을 때, 너무도 극진한 대접을 받아 정말로 감사했습니다. OO 씨를 비롯한 사원 모두에게 깊은 감사를 드립니다.
끝인사	앞으로도 잘 부탁드립니다. 우선 글로 감사의 마음을 전합니다.
	OOOO년 OO월 OO일

7~10줄 정도로 간략하게 쓴다.

편지의 기본구성

● **처음 부분**
- **부르는 말** …… 상대에 따라 표현이나 방법을 달리한다.
- **첫인사** …… 계절인사나 근황에 대한 인사를 묻는다.

● **가운데 부분**
- **하고 싶은 말** …… 편지의 본문. 알기 쉽게 간결하게 서술한다.

● **끝부분**
- **끝인사** …… 본문을 매듭짓는다. "앞으로도 잘 부탁드립니다" 등 인사를 한다. 그리고 "계속해서 좋은 일이 있으시길 기원합니다"라고 상대의 번영과 건강을 기원하는 인사를 덧붙인다.

● **쓴 날짜, 보내는 사람의 이름**

날짜, 수신자의 이름, 발신자의 이름을 기재한다.

쓰면 된다. 정식 감사장은 편지로 보내는 것이 원칙이나 간단한 감사장 등은 엽서를 사용해도 무방하다.

단, 감사장 등을 보낼 때에는 다음 세 가지 사항에 주의하자.

(1) 타이밍을 놓치지 말고 바로 보내는 것이 가장 이상적이다.
(2) 글자를 쓸 때에는 정성스럽게 마음을 담아 쓴다.
(3) 감사의 마음을 자기만의 어투로 전달한다.

예전에 아직 비즈니스 경험이 많이 부족했을 때, 고객과 거래처에 감사장을 보내고 싶어도 글씨가 엉망이라 주저한 적이 있었다.

그런 나를 보고 상사는 이렇게 말해주었다.

"이렇게 글씨를 못 써도 마음을 담아 편지를 보내면 고객은 틀림없이 기뻐해 줄 걸세. 오히려 글씨를 잘 쓰는 사람보다 정성에 후한 점수를 주지."

정말로 글씨를 못 써도 정성스럽게 쓰면 열의를 전달할 수 있다. 반드시 친필로 자신의 마음을 전달하자. 분명 신뢰도를 높일 수 있을 것이다.

계절 인사의 예

1월	**첫인사** 지독하게 추운 계절, 봄이 기다려지는 나날이 계속되고 있습니다만. **끝인사** 혹독한 추위에 부디 몸 건강히 지내십시오.
2월	**첫인사** 봄이 움트는 계절, 날짜 상으로는 이미 봄이 되었습니다만. **끝인사** 아직 추위가 남아있는 요즘, 아무쪼록 조심하시기 바랍니다.
3월	**첫인사** 이른 봄의 날씨, 점점 해가 길어지고 있습니다. **끝인사** 환절기에 건강 조심하십시오.
4월	**첫인사** 생명이 기지개 켜는 계절, 봄도 절정에 오른 요즈음입니다만. **끝인사** 꽃샘추위에 건강 조심하십시오.
5월	**첫인사** 신록의 계절, 신선한 오월의 맑은 날씨가 계속되고 있습니다. **끝인사** 계속해서 건승하시길 기원합니다.
6월	**첫인사** 초여름의 계절, 장마의 계절, 장마가 계속되고 있습니다만. **끝인사** 장마가 내리는 요즈음 부디 건강에 주의하시기 바랍니다.
7월	**첫인사** 폭염의 날씨, 장마 비도 그치고 뜨거운 더위가 계속되는 요즈음 **끝인사** 혹독한 더위에 아무쪼록 조심하시기 바랍니다.
8월	**첫인사** 아직 더위가 남은 계절, 아침저녁으로는 조금 선선해졌습니다. **끝인사** 아직 더위가 남았으니 부디 몸 건강히 지내십시오.
9월	**첫인사** 초가을의 날씨, 하루하루 가을이 오고 있음을 느끼고 있습니다. **끝인사** 건강을 해치기 쉬운 계절입니다. 건강 조심하십시오.
10월	**첫인사** 가을 하늘이 훌쩍 높아진 계절, 낙엽의 계절을 맞이하였습니다. **끝인사** 가을비에 부디 건강 주의하십시오.
11월	**첫인사** 보름달이 휘영청한 계절, 점점 추위가 느껴지는 계절, 가을도 깊어졌습니다. **끝인사** 나날이 추위가 기세를 부리고 있으니 아무쪼록 자애하시기 바랍니다.
12월	**첫인사** 초겨울의 계절, 추위가 기승을 부리는 계절, 연말연시를 맞아 **끝인사** 추위가 기세를 부리는 요즈음 건강해지지 않도록 기원 드립니다.

10
고객과 적정한 거리를 유지하라!

일을 통해 알게 된 상대는 어디까지나 고객임으로 적정한 거리를 두고 관계를 유지해야 한다. 오래된 사이라고 해서 친구처럼 대해서는 안 된다. 어디까지나 상대는 고객임을 명심하라!

인맥은 인생의 큰 재산이다. 평소에 고객과 원활한 관계를 유지하면 회사를 그만 둔 후에도 관계를 유지할 수 있다. 모처럼 인연을 맺게 된 고객과의 만남을 소중하게 생각하라.

고객과의 양호한 관계를 구축하려면 우선 믿음을 줘야 한다. 그러기 위해서는 당연하게 생각하는 사소한 일부터 철저하게 지켜라! 약속 시간을 철저하게 지켜 마감일까지는 일을 완벽하게 처리하라. 공과 사를 구별하고 성실하게 행동하라. 그러한 사소한 행동 하나 하나가 고객을 만족시켜 줄 것이다.

고객의 신뢰를 얻으려면?

- 고객 회사에 대해 조사해 두고 이야깃거리를 만든다.
- 식사에 초대받으면 상사에게 보고하고 답변한다.
- 식사할 때에는 한눈을 팔지 말고 고객의 이야기에 귀를 기울인다.
- 지나치게 자세한 회사의 내부 사정은 이야기하는 등 넘지 말아야 할 선을 넘어서는 안 된다.

6

직장 안에서의 인간관계를 소중히 하라!

직장에서 신뢰를 얻는 방법

1
순간적인 커뮤니케이션을 활용하라!

일반적으로 일을 하는 데 소비하는 시간의 약 80퍼센트는 고객과의 관계나 상사, 동료와의 관계를 유지하는 데 사용된다. 주변 사람들과 서로 도와야만 일의 성과를 올릴 수 있으므로 커뮤니케이션 능력은 일을 하는 과정에서 매우 중요하다.

직장 생활은 팀워크가 중요하다. 평소부터 원활하게 커뮤니케이션을 나누고 원만한 인간관계를 구축하라! 커뮤니케이션의 목적은 서로에게 의사소통을 도모할 수 있는 돈독한 신뢰관계를 만드는 것이다. 그러므로 상대의 심정을 관찰하고 상대의 기분을 배려하는 것이 중요하다.

그래서 평소 짧은 시간에 할 수 있는 '순간적인 커뮤니케이션'을 강력 추천한다. 아침에는 먼저 밝게 인사하고 눈을 똑바로 쳐다보

며 상대의 이야기에 귀를 기울여라. 복도에서 마주치면 먼저 기분 좋은 인사를 건네라. 또한 업무 이외의 자리에서도 친밀감을 높이도록 한다.

이렇듯 간단한 행동도 타이밍을 포착하여 상대의 마음을 존중하면 신뢰관계를 쌓는 튼튼한 기반석이 되어 줄 것이며 사람은 자신을 아껴주는 사람에게 마음을 열게 되어 있다.

2
찰나의 순간에도
먼저 인사를 건네라!

당신은 아침에 출근길에 상사를 만나면 먼저 인사를 건네는 가? 망설이는 있는 사이에 상사가 먼저 말을 건네면 마지못 해 기어들어가는 목소리로 인사하고 있지는 않는가? 사람을 보면 인사를 하는 것이 당연한 일이지만 의외로 언제, 어디서든, 누구에 게나 할 수 있는 것은 아니다. 그러려면 대단한 용기가 필요하다.

그러나 인사는 할 수 있고 없고의 문제가 아니다. 본인이 하고자 하는 마음이 있는가, 없는가에 달려있다. 특히 회사에서는 출퇴근 할 때나 고객이 방문했을 때 제대로 인사를 하지 않으면 커뮤니케 이션이 원활하게 이루어지지 않는다.

우선 출근하면 큰 목소리로 활기차게 아침 인사를 건네라! 아침 을 기분 좋게 시작하면 하루를 즐겁게 보낼 수 있다. 인사할 기회는 하루에도 몇 번이고 찾아온다. 택배기사나 청소도우미에게도 "수고가 많으십니다", "고맙습니다"라고 말을 건네 보면 어떨까?

인사를 할 때는 상대방에게 들리도록 밝은 목소리로 미소를 지으며 상대의 눈을 보며 또박또박 건네야 한다.

일반적인 인사와 더불어 아주 짧은 순간에도 인사를 건넬 수 있도록 항상 마음의 준비를 하라!

인사와 관련하여 이런 일화가 있다.

M은 고객에게 차를 대접하라는 지시를 받아 노트를 한 후 살짝 접견실 문을 열었다. 그러자 다른 부서 상사의 뒷모습이 보였다. 당황한 나머지 그만 문을 닫아버렸다. 그랬더니 접견실 안에서 "이보게. 사람을 봤으면 인사 정도는 해야지"라는 상사의 호통 소리가 늘어왔다.

M은 상사의 뒷모습을 본 그 순간에 "죄송합니다. 실례했습니다"라고 말했어야 했다. 그러나 상대의 얼굴이 보이지 않았으므로 당황하여 그대로 문을 닫아 버렸던 것이다.

인간은 누구에게나 실패가 있고 실수를 한다. 그때 "죄송합니다. 제가 실수했습니다"라고 솔직하게 잘못을 인정하고 사과해야 한다.

최근에는 신입사원 연수 프로그램에 '인사할 때의 매너'라는 프로그램을 편성해 넣는 기업이 늘고 있다. 그만큼 인사를 제대로 하지 못하는 사람이 늘고 있다는 의미인지도 모르겠다. 인사는 아주 작은 용기만 내면 누구든 할 수 있다. 자, 오늘부터 인사하는 습관을 들이자.

3
끼어들지 말고
상대의 이야기를 경청하라!

많은 경영자들에게 "인간이 발전하는 데 필요한 조건이 무엇이라고 생각하십니까?"라고 물었다. 그러자 대부분의 경영자들이 "그야 물론 진솔함이죠"라고 대답했다. '진솔함'이란 다른 사람의 이야기에 귀를 기울이는 것, 즉 자신의 가치관과 맞지 않는 것도 있는 그대로 받아들이는 것을 의미한다.

'그런 일도 있었구나. 지금까지 미처 몰랐어'라는 마음으로 상대의 이야기에 귀를 기울이면 성장하는 데 도움이 된다.

예를 들어, 신입사원 두 명이 입사했다고 하자. A는 능력은 있으나 진솔하지 못하고 B는 능력은 다소 뒤떨어지지만 진솔하다.

상사가 두 사람에게 일하는 요령을 가르쳐 주는데 A는 진솔하게 귀를 기울이지 않았다. 반면 B는 일부러 시간을 내어 가르쳐주셔서 감사하다는 마음으로 귀담아 듣고 바로 실행에 옮겼다.

상사도 인간이므로 진솔한 부하가 마음에 들었다. 그리고 마침내 B에게 일을 맡겼다. 그 결과 B는 다양한 장르의 일을 경험하여 실력을 쌓아갈 수 있었다.

진솔하게 다른 사람의 이야기를 들으면 배울 기회가 늘고 성숙한 인격을 흠모하여 많은 사람들이 따르게 된다. 사람은 자신의 이야기에 귀를 기울여주는 사람을 좋아하기 때문이다.

조금 요점에서 벗어난 이야기이기는 하지만 상대의 이야기에 귀를 기울이는 것이 얼마나 절대적인 힘을 발휘하는지를 보여주는 에피소드가 있다. 나의 상사 중에는 굉장한 미인과 결혼한 사람이 있다. 어떻게 그런 미인과 결혼할 수 있었는지 그 비결을 묻자 상사는 웃으며 이렇게 대답했다.

"여자들은 자기의 이야기를 잘 들어주는 사람을 좋아한다네. 그래서 그녀의 이야기를 들으며 가끔씩 '그래?'하며 호응을 해줬지. 그랬더니 넘어오더군. 하하하."

그가 정말로 부인의 이야기를 하나도 빠트리고 들었는지는 모르겠지만 이 방법을 제대로 먹혀들었다.

평생 알고 지내는 사람의 수는 한정되어 있다. 그렇다면 그 사람들과 진솔하게 친분을 쌓아 풍요로운 인생을 만들어 가는 데 힘써야 하지 않을까?

4
항상 상사보다 먼저 움직여라!

사원 연수회 건으로 기업을 찾아가면 상사를 전혀 배려하지 않는 부하직원의 불성실한 태도를 접하게 될 때가 있다. 도무지 이해가 되질 않는다.

세미나를 준비하기 위해 상사가 참여자들이 앉을 의자를 정돈하는 모습을 그저 보고만 있는 부하직원이 있는가 하면, 상사가 무거운 짐을 운반하고 있는데도 두 손 놓고 보고만 있는 사원도 있다. 정말로 어이없는 일이다. 설사 부하직원이 "제가 돕겠습니다"라고 도움의 손길을 내밀어도 부하직원을 깊이 배려하는 상사일수록 "됐네. 나 혼자면 충분하네"라며 거절하기도 한다.

부하직원이 하는 일의 기본은 상사를 지원하는 것이다. 그러므로 항상 '상사보다 먼저 움직인다!'라는 마음가짐을 가져야 한다.

상사와 부하직원은 수직관계에 있다는 것을 명심하라! 아무리 상사가 편하게 대해 준다고 해도 친구처럼 생각해서는 안 된다. 상사는 부하직원보다 경험과 지식이 풍부하다. 먼저 경험하고 올바른 방향으로 일을 가르쳐 주는 스승이므로 예의를 갖춰 모셔야 한다.

물론 상사와 궁합이 맞지 않는다고 느끼는 부하직원도 있을 것이다. 그렇다고 상사를 피한다면 문제는 결코 해결되지 않는다. 좋던 싫던 그 회사에 머무는 동안은 상사의 지도 아래 일을 진행시켜야 한다.

반대로 상사는 그런 부하직원을 믿고 일을 맡기기 어려운 부하직원이라고 느낄지도 모른다. 원래 상사에게는 부하직원을 훌륭하게 키워내야 할 의무가 있다. 표면상으로는 하기 싫은 일만 시키는 상사처럼 보일지라도 어쩌면 그것은 부하직원을 훌륭한 사원으로 키워야 하는 상사의 의무를 철저하게 지키기 위한 나름의 전략인지도 모른다. 또 부하직원들은 미처 헤아리지 못하는 고민을 안고 있는지도 모른다.

어쨌든 상사의 행동이나 기분을 부하직원이 바꿀 수는 없다. 바꿀 수 있는 것, 즉 스스로 컨트롤 할 수 있는 것은 자신의 감정뿐이다. 짜증나더라도 잠시 그런 마음을 접어두고 주어진 업무를 수행하는 데 전념하라. 그러다 보면 어떠한 성격의 상사가 나타나도 원활하게 일을 처리할 수 있을 것이고 당신에게는 큰 자신감을 심어 줄 좋은 기회가 될 것이다.

5
상사의 업무처리방식을 자신의 것으로 만들라!

　상사가 거래처를 방문할 때 되도록 자주 따라나서라. 그러면 사내에서는 배울 수 없는 많은 노하우들을 배울 수 있다.

　나도 자주 상사를 따라 나서고는 했는데 그는 거래처로 가는 길에 이런 이야기를 해 주었다. 거래처에서 고객이 극진하게 대접해 줘도 그것은 내가 대단해서가 아니다. 어디까지나 상사의 업무처리 능력에 대한 평가나 회사의 간판 덕이라고 말이다. 그러므로 자신의 힘으로 일을 얻게 될 때까지는 자신의 힘이라고 착각해서는 안 되며 항상 겸허한 자세로 일을 하라는 당부도 잊지 않았다.

　그 밖에도 인상 깊이 남은 경험담이 있다. 절대 지각을 하지 않는 상사가 딱 한번 약속 시간에 늦은 적이 있었다. 그 당시에는 휴대전화가 그다지 보급되지 않은 무렵이라 연락도 되지 않고 고객도 굉

장히 불안해하고 있었다. 그 날은 상사가 강연을 하기로 되어 있었는데 시간이 다 되어서도 나타나질 않아 세미나를 시작하지 못하고 있었다.

다행히 조금 늦게 도착한 상사가 나를 보며 "자네가 대신 좀 진행해 주지 그랬나"라며 나무라는 것이 아닌가! 나는 그때까지 내가 강연을 한다는 것은 상상도 안 해 봤다. 그러나 그는 항상 옆에서 자신의 강연을 듣고 있었으므로 그 정도는 할 수 있을 거라고 생각했던 모양이다. 그의 말을 듣고 부끄러워진 나는 그 후부터 상사의 업무 처리 방식을 보고 배우며 내 것으로 소화해 내려고 노력했다.

일의 내용은 물론이고 상담을 진행시키는 방법이나 시간 활용술, 고객을 대하는 방법까지도 열심히 익혔다. 때로는 고객을 접대하는 자리까지 따라가 고객을 배려하는 기술을 배울 수 있었다.

상사를 보고 배워라. 상사의 풍부한 지식과 정보를 흡수하여 자신의 것으로 만든다면 당신은 최고의 비즈니스맨이 될 수 있을 것이다.

1) 상사는 업무에서 이런 점까지 생각하고 있다

- 시간을 엄수하고 있는가?
- 준비는 완료되었는가?
- 상사를 서포트 하고 있는가?
- 상담 중에는 메모를 철저하게 하고 있는가?
- 거래처를 방문할 때에는 필요한 자료를 전부 준비했는가?

- 세미나에 참가하면 보고서를 작성하고 있는가?

2) 상사는 비즈니스에서 이런 점까지 생각하고 있다
- 올바른 경어를 사용하고 있는가? (단어사용)
- 식사를 주문할 때에는 되도록 시간이 걸리지 않는 식단을 주문하는가? (마음가짐)
- 고객에게 자리를 권할 때의 매너를 알고 있는가? (사회인으로서의 상식)

6
지적받은 행동은 즉시 고쳐라!

일을 하다보면 누구나 상사에게 꾸지람을 듣기 마련이다. 이는 특별한 억하심정이 있어서 그런 것이 아니라 당신의 잘못을 깨우쳐주기 위한 행위이다.

상사가 부하직원을 꾸짖는 것은 그만큼 기대감이 크기 때문이다. 신뢰하지도 않고 기대하지도 않는 부하직원에서 굳이 자신의 이미지를 망가트리면서까지 친절하게(?) 꾸짖을 상사는 없다. 꾸지람을 들으면 자신의 과오를 깨우쳐 준 것에 대해 감사하고 적극적으로 받아들여 바로 고쳐라!

한편 감정에 사로잡혀 지나치게 화를 낸 경우는 어떨까? 상사도 인간이므로 감정을 조절하지 못하고 화를 낼 수도 있다. 이때 상사를 원망하기보다 부하직원과의 사이에 신뢰관계가 있기 때문이라고 생각해 보는 건 어떨까?

　예전에 회의를 하는 도중에 선배가 실수를 하자 상사가 "그렇게 대충대충 하려거든 그만두게"라고 호되게 꾸짖은 적이 있었다. 조금 이상하게 들릴지도 모르지만 나는 그 선배가 부러웠다. 그만두라고 해서 정말로 회사를 그만둘만한 옹졸한 사람이라고 생각했다면 상사도 그렇게까지 심하게 꾸짖지는 않았을 것이다.

　평소의 행동을 통해 상사와 선배와의 사이에 신뢰관계가 구축되어 있다는 것을 익히 알고 있었기 때문에 나도 선배만큼 상사에게 신뢰받는 사람이 되고 싶었다.

　애정의 반대는 무관심이라고들 하지 않는가! 어떻게 되든 상관없는 부하직원에게는 입 아프게 떠들어봐야 발전이 없다고 생각하고 꾸짖기조차도 포기한다.

　상사에게 지적을 받으면 감사하게 생각하고, 꾸지람을 들으면 자신을 신뢰하고 있다고 생각하라. 상사가 지적을 하거나 꾸짖는 것은 결코 그 행동에 대해 인격까지 부정하는 것이 아니다.

　그 자리에서 반성하고 다음번부터는 같은 실수를 반복하지 않도록 행동을 고치려는 자세를 상사에게 보여주면 그걸로 충분하다. 오랫동안 가슴에 담아두며 꿍해 있지 말고 적극적이고 긍정적인 자세로 받아들여라!

7
다른 사람의 사례를
타산지석의 교훈으로 삼아라!

학창시절에는 좋아하는 사람들하고만 사귀어도 아무런 문제가 없었지만 회사에 들어가니 더 이상 그럴 수가 없게 되었다. 인간이기 때문에 상사나 동료 중에서도 친해지기 어려운 상대가 있다. 그렇다고 상대를 가까이 하기 꺼려하면 그 감정은 점점 더 깊어져 상대의 단점만 눈에 보이고 상대를 더욱 더 받아들일 수 없게 된다.

회사에서는 인간관계도 업무의 연장이라는 사실을 명심하라.

급여를 받고 일하는 이상, 아무리 입사연수가 짧다고 해도 프로 의식을 가져야 한다. 하찮은 감정에 휘둘리지 말고 일로 좋은 결과를 올릴 수 있도록 마음을 다스려라!

여기에서 마음을 다스리기 위해 사용하는 나만의 방법을 소개하겠다.

- 누구와 일을 하던 좋은 결과를 만들어내기 위한 훈련기간이라고 생각한다.
- 눈에 거슬리는 상대의 행동을 교훈삼아 자신은 그런 행동을 하지 않도록 주의하며 성장의 기회로 생각한다.
- 상대를 바꿀 수는 없다. 그러므로 자신의 생각과 상대를 대하는 태도를 바꾼다.

예를 들어, 업무 상대가 마음에 들지 않는다고 무시해서는 안 된다. 또한 껄끄럽다고 자꾸 피하다 보면 커뮤니케이션이 제대로 이루어지지 않아 일을 원활하게 진행시킬 수 없게 된다. 여러 유형의 사람을 접함으로써 자신도 폭넓은 인간관계를 만들어갈 수 있다. 마음에 들지 않는 상대를 만나면 자신의 데이터베이스를 늘릴 수 있는 기회로 받아들이자.

그래도 도저히 안 될 것 같은 때에는 나는 이런 생각을 하며 마음을 다스린다. '고맙습니다. 나는 ○○ 덕에 내공이 생겼습니다.' 그러면 신기하게도 얼굴 마주하기도 짜증났던 사람이 정말로 고맙게 느껴진다. 또 상대와 이야기를 나눌 때에는 '고맙습니다'라는 말을 자주 하라. 그러면 상대의 마음도 부드러워지고 자신의 마음도 한결 부드러워진다. 당장은 아니더라도 꾸준히 노력하면 분명 좋은 효과를 볼 수 있을 것이다.

8
수시로 '고맙습니다'라고 말하라!

당신은 하루 중에 몇 번이나 '고맙습니다'라는 말을 하는가? 혹시 '고맙습니다'라고 말을 해야 하는 데도 쑥스럽다는 이유로 얼렁뚱땅 넘어가지는 않는가?

예전에 후배와 함께 차를 탄 적이 있다. 후배가 요금소 직원에게 큰 목소리로 "고맙습니다!"라고 말해 깜짝 놀랐다. 부끄럽게도 나는 그때까지 요금소 직원에게 고맙다는 말을 한 적이 없었다. 건방지게도 '그게 그 사람이 하는 일인데 뭐 하러 고마워해야 해?'라고 생각했던 것이다. 그러나 요금소 직원도 무표정한 얼굴로 요금을 지불하는 고객보다는 웃으며 "고맙습니다"라고 말하는 고객이 더 반가울 것이다.

'고맙습니다'라는 말에는 상대를 행복하게 하는 신비한 힘이 있

다. 그리고 더욱 기쁜 것은 상대를 행복하게 한만큼 자신에게도 행복이 돌아온다는 것이다.

오늘부터 아주 작은 일에도 빠트리지 말고 '고맙습니다'라고 말하라! 우선 가족이나 친구 등 가까운 사람들에게 '고마워!'라고 말해 보면 어떨까?

어머니께서 식사를 차려주시면 '고맙습니다.', 빨래를 해 주셔도 '고맙습니다'라고 말해 보자. '엄마니까 그런 일을 하는 건 당연하잖아'라고 생각하기 쉬운데 그런 일일수록 감사의 마음을 전달해야 한다. 그러면 상대도 기쁜 마음으로 당신을 대할 것이며 상대의 웃는 얼굴을 보면 당신도 몸과 마음이 건강해질 것이다.

직장에서도 '고맙습니다'라는 말을 자주 사용하라. 여직원이 커피를 타 줬을 때나 손님이 왔는데 대신 차를 대접해 줬을 때, 일을 도와줬거나 가르쳐 줬을 때, 그리고 정보를 줬을 때 등 우리는 실로 많은 경우에 다른 사람들의 도움을 받는다. 당연하게 생각하지 말고 반드시 '고맙습니다'라고 답례를 하라. 이 말 한 마디로 상대의 기분을 좋게 할 수만 있다면 당신은 머지않아 많은 사람들을 행복하게 만들 수 있을 것이다.

'고맙습니다'라고 감사한 마음을 잘 표현하는 기업은 사무실 분위기도 밝고 활기차서 사원들이 열심히 일할 수 있는 분위기를 조성해 주므로 저절로 실적이 향상된다.

9
좋은 정보를 제공하라!

일을 하다보면 여러 가지 정보가 들어온다. 누군가에게 정보를 주어 도움이 될 수 있다면 계속해서 정보를 제공하라!

다른 사람에게 정보를 제공하면 상대적으로 자신의 정보량이 적어지는 건 아닐까 걱정하는 사람이 있는데 지나친 기우일 뿐이다.

남에게 좋은 정보를 제공하면 자신에게도 새로운 정보가 들어온다. 자신만 좋으면 된다는 이기주의는 자신의 성장을 방해할 뿐이다.

'Give & Take'의 정신은 자신에게도 도움이 된다.

예를 들어, A에게 많은 정보를 제공했다고 치차. 만약 A가 아무 정보를 주지 않아도 A를 경유하여 정보를 입수한 B에게서 새로운 정보를 얻게 될 것이다.

설사 A가 직접적으로 아무런 도움이 되지 않는다고 해도 'Give & Take' 정신으로 주변 사람들에게 이익이 될 만한 행동을 하면 결과적으로 당신에게도 행운이 돌아올 것이다.

다음에 소개할 사례는 실제로 있었던 일이다.

M은 좋은 포맷이 있어 보고서 콘셉트로 사용하라고 동료 B에게 추천해 주었다. "혹시 괜찮으면 이걸 쓰게." 자료를 건넸다. 그러자 B는 자료를 수정하여 좀 더 사용하기 좋게 편집하여 M에게 돌려주었다고 한다. 그래서 결국엔 M이 그 자료를 사용하게 되었다고 한다.

예전에 한 기업에서 '고객을 기쁘게 하는 서비스'라는 주제로 강의를 한 적이 있었다. 강연을 통해 '커피를 못 마시는 고객을 배려하여 녹차를 준비했더니 기뻐했다', '갑자기 비가 올 때 우산을 준비하여 고객에게 건네주었더니 기뻐했다.' 등등의 서비스를 사례를 들은 사람들이 돌아가 개인적으로 또는 자사에 도입하여 회사 전체의 서비스를 향상시킬 수 있었다.

좋은 정보를 제공하거나 전원이 알아두면 좋을 정보가 있으면 조례시간이나 회의 시간을 이용하여 정보를 제공하자!

10
상대의 장점을 있는 그대로 칭찬하여 더욱 발전시켜라!

직장 내에서의 인간관계가 원활하기 못하면 일도 원활하게 진행시키기 어렵다.

좋은 인간관계를 유지하는 요령은 상대의 장점을 찾아 칭찬하는 것이다.

원래 단점은 어느 정도의 연령에 이르며 쉽게 고쳐지지가 않는다. 그럴 바에는 단점은 눈 감아 주고 대신 장점을 찾아 칭찬해 주는 것이 상대를 기쁘게 하고 좀 더 장점을 살리기 위해 노력하는 계기가 된다.

그렇다면 아부와 칭찬의 차이는 무엇일까?

'아부'란, 상대를 기쁘게 하기 위해 실제보다 과장되게 칭찬하는 것을 의미한다. 그러므로 좋은 인간관계를 유지하려면 상대의 장점을 있는 그대로 칭찬하는 것이 관건이다.

'양복 색이 멋지네요', '언제나 전화를 빨리 받으시더군요'라고 상대의 좋은 점을 찾아 그 자리에서 칭찬하라!

실제로 인재를 육성할 때에도 장점을 더욱 발전시키는 방법이 효과적이다. 예전에 미국에 사는 친구가 이런 이야기를 해 주었다.

어느 날, 아이가 물었다.

"내일은 수학 보충수업이 있어요. 아빠 학교 다닐 때 수학 잘 하셨어요?"

아이의 이야기를 듣고 친구는 아이가 수학에는 소질이 없는 모양이라고 생각하고 크게 실망했다고 한다. 그런데 아이의 이야기를 듣다보니 아이가 수학 시험에서 100점 만점을 맞았다는 사실을 알게 되었다. 이상하게 여겨 아이에게 물었더니 아이가 다니는 학교에서는 수학을 잘 하는 학생들을 모아 보충수업을 하고 있었던 것이다. 즉, 아이들의 재능을 더욱 발전시키려는 취지의 보충수업이 이루어지고 있었던 것이다. 아이는 보충수업을 받고 더욱 수학을 좋아하게 되었고 즐거운 마음으로 공부를 하게 되었다고 한다.

어른들도 칭찬받으면 자신감이 붙는다.

원래 인간은 누구나 칭찬받고 싶은 욕구를 가지고 있다. 상대의 장점을 발견하는 즉시 말로 표현하라! 상대를 기쁘게 하면 그 기쁨이 부메랑이 되어 자신에게 돌아올 것이다. 장점을 칭찬하면서 서로 인정하고 인정받는 관계를 만들어 가라!

11
다른 사람의 성공을 진심으로 기뻐하라!

누구나 다른 사람이 곤경에 빠지면 힘이 되어 주고 싶어 한다. 그렇다면 당신은 다른 사람의 성공을 진심으로 기뻐하고 축복해 줄 수 있는가? 자신 있게 "당연하지!"라고 대답하는 사람이 있을지도 모르겠다. 그러나 의외로 쉬운 일이 아니다. 특히 자신의 상황이 어려울 때는 남의 성공을 진심으로 축복하기보다는 부러운 마음이 앞서기 마련이다.

그러나 그럴 때일수록 다른 사람의 성공과 행운을 함께 기뻐해야 한다. 그래야 진정한 인간으로 성장할 수 있다.

회사에서는 여러 상황에서 동료에게 경쟁의식을 갖게 된다. 남들보다 열심히 일하는데 알아주는 사람이 없다고 느끼거나 클레임이 잦은 동료에게 프로젝트를 맡긴 것에 대해 불만을 느끼기도 할 것이다.

그러나 그럴 때일수록 "잘 됐네. 축하해!"라고 진심으로 말할 수 있다면 당신은 '마음의 벽'을 뛰어 넘을 수 있을 것이다. 다른 사람의 성공과 행운을 진심으로 기뻐하는 사람에게는 잊지 않고 행운의 여신이 찾아가기 때문이다.

늘 어두운 얼굴을 하고 축 처져있는 사람에게는 행운의 여신도 등을 돌려버린다. 불행한 얼굴을 하고 있으면 불행한 사람들만이 주변에 모여들어 점점 더 불행해질 뿐이다.

그러므로 주변에 운이 좋은 사람이 있으면 당신에게도 운이 찾아오려는 증거라고 생각하면 된다. 주변에 성공한 사람이 있다는 것은 당신에게도 좋은 일이다. 오늘부터 주변 사람들의 성공을 함께 기뻐하며 운이 따르는 사람과 친분을 맺어라!